듣기, 읽기, 말하기, 쓰기 기초가 완성되는

맛있는
Everyday
초등 영문법
Starter

주선이 지음

맛있는 books

Everyday
초등 영문법 Starter

초판 1쇄 인쇄	2025년 2월 12일
초판 1쇄 발행	2025년 2월 25일

지은이	주선이
발행인	김효정
발행처	맛있는books
등록번호	제2006-000273호

주소	서울시 서초구 명달로 54 JRC빌딩 7층
전화	구입문의 02·567·3861
	내용문의 02·567·3860
팩스	02·567·2471
홈페이지	www.booksJRC.com

ISBN	979-11-6148-096-1 64740
	979-11-6148-095-4 (세트)
정가	15,500원

제 품 명	: 일반 어린이도서
제조자명	: JRC에듀
판매자명	: 맛있는books
제 조 국	: 대한민국
전화번호	: 02-567-3860
주 소	: 서울시 서초구 명달로 54 JRC빌딩 7층
제조년월	: 판권에 별도 표기
사용연령	: 8세 이상

KC마크는 이 제품이 공통안전기준에 적합하였음을 의미합니다.

초대장

어떤 문장이든 유창하게 읽고 만들고 싶은 모든 분께
문법 비법 레시피를 알려드리고자 초대합니다.

맛있는 문장 요리를 위한 문법 레시피

문법 학습은 요리와 닮아 있는 것 같아요. 맛있는 요리는 좋은 재료와 함께 각 재료의 특성에 맞는 레시피도 알아야
해요. 문장이라는 요리는 재료가 되는 여러 단어를 모아 하나의 생각(idea)을 담아내는 것이에요. 단어를 나열만 해
서는 문장이 되지 않고 문장을 구성하는 규칙을 알아야 해요. 즉, 영어 문장을 만드는 문법 레시피가 필요해요. 자신
만의 문법 레시피를 가지면 어떤 문장이든 유창하게 읽고 자유롭게 만들 수 있어요.

개정 교육과정 영어 평가 기준을 반영한 Everyday 문법

개정 교육과정에서는 실생활에 쓰이는 문장을 읽고 쓰는 통합적인 활동이 강조됩니다. 실물, 그림, 동작, 사진,
삽화, 도표 등의 시각적인 자료를 활용하여 상황이나 문장의 의미를 파악하고 말하거나 쓸 수 있어야 해요. 본
서에서는 이를 반영하여 다양한 시각 정보와 활용, 생활 주변 주제에 관한 담화를 소재로 문법 학습 활동을
하도록 구성했어요.

첫 문법의 시작은 부담 없고 친숙한 기능어부터

본서에서는 a, my, this, in처럼 이미 학습자들에게 친숙한 단어를 통해 문법 개념을 소개합니다. 이
런 단어들은 문장에서 문법적 역할을 하는 "기능어(function words)"라고 해요. 의미가 명확한 "내
용어(content words)"보다 약하게 들려 회화 중심의 초등 영어 학습에서 별도로 다뤄줘야 중등 학
습 대비가 가능합니다. 본서에서는 이런 기능어를 집중적으로 듣고, 읽고, 쓰는 활동이 입체적으로
다뤄집니다.

영어 교육 전문가 직강으로 배우는 문법 사고력

전문 트레이너를 통해 운동을 시작하면 기구 사용이나 운동 기술 지도에 앞서, 호흡법과 근육을
사용법, 자세부터 단계적으로 알려줍니다. 이를 통해 자기 몸에 관심을 두고 운동의 목적을 더
잘 알게 됩니다. 이는 운동 강도가 높아질수록 그 가치와 효과가 드러나게 돼요. 문법 학습도
비슷한 것 같아요. 용어나 규칙 암기 또는 유형별 문제 풀이 중심의 문법 학습도 의미가 있지
만, 근본적으로 문법 사고력을 키워야만 독해와 작문에 문법 지식을 적용할 수 있고 평생 써
먹을 수 있는 문법의 기초 근육(core)을 가질 수 있어요.

이 책이 나오기까지 예리한 열정으로 중심을 잘 잡아 기획과 편집을 맡아 준 김미경 님과
늘 옆에서 사랑하는 자의 자리를 지켜준 가족에게 감사드립니다.

저자 **주선이**

이 책의 구성 및 활용법 이 책의 구성과 특징에 맞추어 순서대로 공부해 보세요.

QR코드를 스캔해
음원을 들어요.

1 WORKBOOK
Word Study 단어 재료 준비하기

스스로 학습 본격적인 학습 전에 각 Unit 단어의 의미와 철자
등을 듣고 쓰면서 익혀요.

QR코드를 스캔해
저자 강의를 들어요.

2 Discover Grammar 기능어 역할 발견하기

스스로 학습 QR코드를 스캔해 문장을 듣고 해당하는 문장에 ☑
표시를 한 후 저자 직강 QR코드를 스캔해 두 문장 사이의 차이점
에 관한 설명을 들어요.

Spoken & Written Grammar 강의를 들은 후 발음과 억양
에 주의해 문장을 따라 읽고, 올바른 문장을 보면서 써 봐요.

완전 학습 여러 번 반복해서 읽고 쓰며 완전 학습을 해 봐요. Unit
학습을 마친 후 해당 페이지로 돌아와서 두 문장의 차이점을 직접
설명해 보아요.

저자 직강

QR코드를 스캔해
저자 강의를 들어요.

3 Learn Grammar 문법 레시피 배우기

스스로 학습 저자 직강 QR코드를 스캔해 각 Unit의 문법 단어
가 가진 기능과 의미에 관한 설명을 들어요.

확인 학습 규칙마다 간단한 확인 문제를 풀면서 학습한 규칙을
점검해 봐요.

완전 학습 각각의 질문에 대한 대답을 스스로 할 수 있도록 소리
내어 규칙과 예시를 읽어요.

Practice Grammar 문법 규칙 연습하기

스스로 학습 핵심 문법 규칙을 기억하며 다양한 유형의 문제를 풀어요.

완전 학습 정답을 확인한 후 틀린 문제는 규칙과 함께 오답 노트에 다시 써 봐요.

Use Grammar 실용 문장에 문법 적용하기

Written Grammar 문장 규칙에 따라 단어를 선택하거나 배열해 일상을 주제로 한 담화 또는 문장을 완성하며 배운 문법을 적용해 봐요.

Everyday Grammar 실용 회화 표현 익히기

Spoken Grammar 의사소통 기능을 가진 필수 문장에 적용된 문법을 듣고 말하면서 실생활 회화 표현을 익혀요.

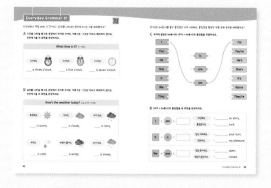

WORKBOOK
Sentence Writing 문장 쓰기

Written Grammar 본 학습을 마친 후 문장 쓰기 노트를 통해 문장 쓰기 규칙을 복습하고 우리말을 영어로 바꾸는 영작을 연습해요.

맛있는북스 홈페이지에 로그인한 후 다양한 자료를 다운받을 수 있어요.

무료 부가 서비스
① MP3 파일
② 단어 테스트 및 받아쓰기
③ 영작 테스트

차례

WORKBOOK (책 속의 책)

자주 쓰는 용어와 개념
학습을 시작하기 전에 주요 용어와 문법 개념을 확인해 보세요.

문법이란 문장을 만드는 방법, 규칙을 의미해요. 이런 문법을 학습하기 위해서는 기본적인 문법 용어와 개념들은 알아야 해요. 또한 영어 문장을 쓸 때 주의할 점도 함께 확인해 보세요.

A 자주 쓰이는 문법 용어의 의미를 확인해 보아요.

자음과 모음
영어에는 21개의 자음과 5개의 모음이 있는데, 자음과 모음이 합쳐져 의미를 가진 소리를 만들어요.

단수와 복수
명사의 수가 하나인 것을 단수, 하나보다 많은 것을 복수라고 해요.

인칭대명사
사람이나 사물을 대신하는 말로 문장에서 하는 역할에 따라 형태가 달라져요.

be동사와 일반동사
be동사는 '~이다, ~에 있다'라는 뜻을 가진 동사이고, 일반동사는 be동사를 제외한 주어의 동작이나 상태를 나타내는 동사예요.

부정문과 의문문
부정문은 '~이 아니다'라는 부정의 뜻이 들어간 문장이고, 의문문은 물어보는 문장이에요.

3인칭 단수
나와 너를 제외한 다른 사람 한 명이나, 사물 한 개, 동물 한 마리를 의미해요.

B 품사란 무엇인지 알아보아요.

문장을 만들기 위해서는 재료가 되는 단어가 필요해요. 이 단어들을 성격대로 분류한 것을 품사라고 해요.

명사	사람, 사물, 동물의 이름을 나타내는 말	예 friend, book, dog, Mary
대명사	명사를 대신에서 쓰는 말	예 I, we, you, him, my
동사	사람이나 사물의 동작, 상태를 나타내는 말	예 play, run, like, goes, plays
형용사	사람이나 사물의 상태나 성질이 어떠한지 설명하는 말	예 happy, big, red
부사	동사, 형용사, 또는 다른 부사나 문장 전체를 꾸며주는 말	예 well, fast, early
전치사	명사나 대명사 앞에서 장소나 시간 등을 나타내는 말	예 in, at, on

문장의 기본 요소를 알아보아요.

모든 문장은 주어와 동사(서술어)로 이루어져 있고, 목적어와 보어는 문장을 보충 설명해 줘요. 이렇게 문장을 이루는 데 기본이 되는 주어, 동사, 목적어, 보어를 문장의 기본 요소라고 해요.

주어 문장의 주체가 되는 말로 일반적으로 문장의 맨 앞에 와서 '~은, ~는, ~이, ~가'로 해석돼요.
- She is pretty. 그녀는 예쁘다.

동사(서술어) 주어의 동작이나 상태를 나타내는 말로 '~이다, ~하다'로 해석돼요.
- I speak English. 나는 영어를 말한다.

목적어 동사의 행위에 대한 대상이 되는 말로 나타내는 말로 '~을, ~를, ~에게'로 해석돼요.
- I have a book. 나는 책을 가지고 있다.

보어 주어나 목적어를 보충 설명해 주는 말이에요.
- He is a dancer. 그는 무용수이다.

영어 문장을 쓸 때 주의할 점

① 우리말 문장의 어순은 「주어 + 목적어/보어 + 동사」인데 반해, 영어 문장은 주어 다음에 바로 동사를 써야 해요. 그리고 그 뒤에 목적어나 보어의 순서로 써요.

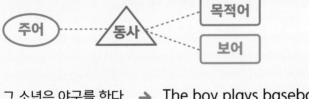

그 소년은 야구를 한다. → The boy plays baseball.
　주어　　목적어　동사　　　　주어　　　동사　　목적어

② 문장의 첫 글자는 항상 대문자(Capital letter)로 써요.
- It is so cute.

③ 단어와 단어 사이는 한 칸씩 띄어서 써요.
- I⌄go⌄to⌄school.

④ 문장 끝에는 반드시 마침표, 물음표(의문문), 느낌표(감탄문) 중 하나의 문장 부호를 써야 해요.
- She plays the piano.
- Is she happy?
- How great it is!

Discover Grammar

🌶 다음 문장을 듣고 들은 문장에 ☑ 표시를 하세요.

1 나는 친구가 있다.

친구 한 명

☐ I friend have.
☑ I have a friend.

🖉 I have _____.

2 나는 이모가 있다.

이모 한 명

☐ I have aunt.
☐ I have an aunt.

🖉 _____

3 나는 얼룩말이 보인다.

얼룩말 한 마리

☐ I see a zebra.
☐ I see an zebra.

🖉 _____

4 나는 올빼미가 보인다.

올빼미 한 마리

☐ I see a owl.
☐ I see an owl.

🖉 _____

5 그것은 자전거이다.

자전거 한 대

☐ Is it an bike.
☐ It is a bike.

🖉 _____

6 그것은 달걀이다.

달걀 한 개

☐ It is a egg.
☐ It is an egg.

🖉 _____

🐿 다시 들으면서 발음과 억양에 주의해서 따라 읽고, 문장을 써 보세요.

🌿 '하나의'라는 뜻을 가진 a와 an은 언제 쓰는지 알아봐요.

Rule 1   a는 언제 쓰나요?

사람, 동물, 사물이 하나일 때 자음 소리로 시작하는 단수 명사 앞에는 a를 써요.

| 사람 한 명 | 동물 한 마리 | 사물 한 개 |

a friend
친구 (한 명)

a zebra
얼룩말 (한 마리)

a bicycle
자전거 (한 대)

a cars (×) → cars (○)
자동차들

 TIP
명사란 사람, 사물, 동물 등의 이름을 나타내는 말이에요.

① 책 한 권 (book / (a book))　　② 개 한 마리 (dogs / a dog)

③ 토끼 한 마리 (rabbit / a rabbit)　　④ 여동생 한 명 (sister / a sister)

Rule 2   an은 언제 쓰나요?

사람, 동물, 사물이 하나일 때 모음 소리(a, e, i, o, u)로 시작하는 단수 명사 앞에는 an을 써요.

| 사람 한 명 | 동물 한 마리 | 사물 한 개 |

첫 글자
발음이 모음
an aunt
이모 (한 명)

첫 글자
발음이 모음
an owl
부엉이 (한 마리)

첫 글자
발음이 모음
an egg
달걀 (한 개)

a hour (×) → an hour (○)
h가 묵음이라
첫 글자 발음이 모음

① 우산 한 개 (a / an) umbrella　　② 삼촌 한 명 (a / an) uncle

③ 오렌지 하나 (a / an) orange　　④ 개미 한 마리 (a / an) ant

Practice Grammar

🥥 사진을 보고 알맞은 단어를 골라 a 또는 an과 함께 써 보세요.

| ~~ant~~ | book | car | dog |

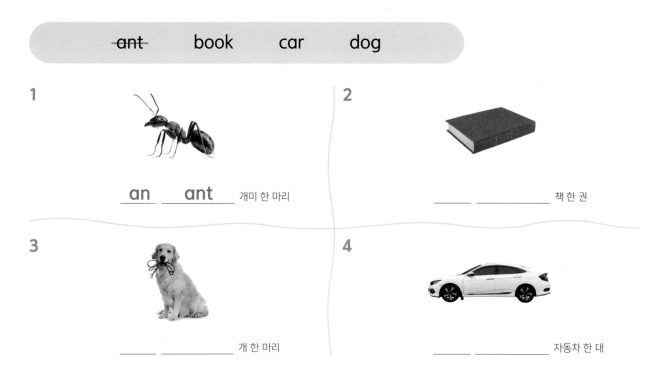

1
__an__ __ant__ 개미 한 마리

2
_____ _____ 책 한 권

3
_____ _____ 개 한 마리

4
_____ _____ 자동차 한 대

| eraser | mouth | onion | uncle |

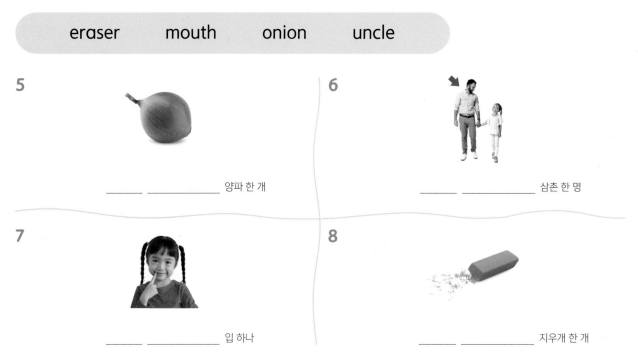

5
_____ _____ 양파 한 개

6
_____ _____ 삼촌 한 명

7
_____ _____ 입 하나

8
_____ _____ 지우개 한 개

Self-Check
- a와 an은 (하나 / 여러 개)를 의미해요.
- an은 (모음 / 자음) 소리로 시작하는 단수 명사 (앞 / 뒤)에 써요.

🥢 Use Grammar

🥄 한 칸씩 이동하며 빈칸에 주어진 단어와 a 또는 an을 함께 써 문장을 완성하세요.

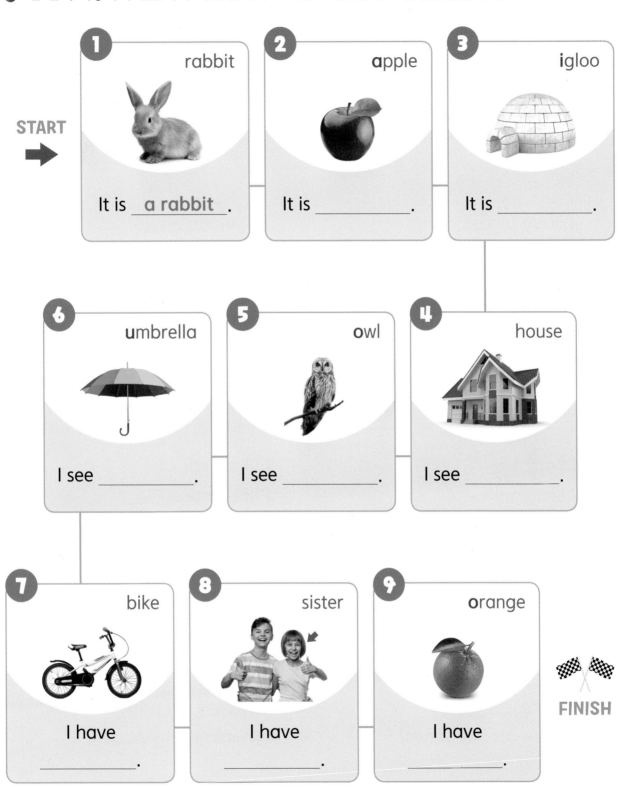

START →

1 rabbit
It is _a rabbit_ .

2 apple
It is _____ .

3 igloo
It is _____ .

6 umbrella
I see _____ .

5 owl
I see _____ .

4 house
I see _____ .

7 bike
I have _____ .

8 sister
I have _____ .

9 orange
I have _____ .

FINISH

02 a book or books

UNIT

🧄 Discover Grammar

🌶 다음 문장을 듣고 들은 문장에 ☑ 표시를 하세요.

---

1 나는 코가 하나이다.

코 하나

☐ I have a nose.
☐ I have noses.

✏ _____

---

2 나는 사과가 두 개 있다.

사과 두 개

☐ I have an apple.
☐ I have two apples.

✏ _____

---

3 나는 책을 좋아한다.

책 여러 권

☐ I book like.
☐ I like books.

✏ _____

---

4 나는 새를 좋아한다.

새 여러 마리

☐ I like bird.
☐ I like birds.

✏ _____

---

5 내 신발은 어디에 있나요?

신발 한 켤레

☐ Where is my shoe?
☐ Where are my shoes?

✏ _____

---

6 내 바지는 어디에 있나요?

바지 한 벌

☐ Where is my pant?
☐ Where are my pants?

✏ _____

🐵 다시 들으면서 발음과 억양에 주의해서 따라 읽고, 문장을 써 보세요.

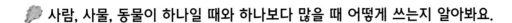 **Learn Grammar**

 저자 직강

🍃 사람, 사물, 동물이 하나일 때와 하나보다 많을 때 어떻게 쓰는지 알아봐요.

Rule 1 명사가 하나일 때는 어떻게 쓰나요?

사람, 사물, 동물이 하나인 단수 명사 앞에는 a나 an을 써요.

a + 자음 소리로 시작하는 명사	an + 모음 소리로 시작하는 명사

a book   a nose   an apple   an egg

Rule 2 명사가 하나보다 많을 때는 어떻게 쓰나요?

하나보다 많은 복수 명사는 뒤에 -s를 붙여요. 단, 신발처럼 둘이 한 쌍을 이룰 때에는 항상 -s를 붙여요.

하나보다 많은 복수 명사

 + -s   + -s

a book   books 책들   an apple   two apples 사과 두 개

📝 ① a boy → _____ 소년들   ② a leg → two _____ 다리 두 개   ③ an ant → _____ 개미들

둘이 한 쌍을 이루는 명사

shoes   pants   scissors

📝 ④ 신발 (shoe / shoes)   ⑤ 가위 (scissor / scissors)   ⑥ 바지 (pant / pants)

Practice Grammar

사진을 보고 알맞은 단어를 골라 단수와 복수 형태에 맞게 바꿔 쓰세요.

| bee | cap | egg | girl | onion | pen |

1 an egg → two _____

2 a _____ → three _____

3 _____ → two _____

4 _____ → three _____

5 _____ → two _____

6 _____ → three _____

| sock | scissor | jean | shoe |

7 _____

8 _____

9 _____

10 _____

Use Grammar

한 칸씩 이동하며 빈칸에 주어진 단어를 복수형으로 바꿔 문장을 완성하세요.

START

1 ear

I have two
___ears___.

2 hand

I have two
_____.

3 leg

I have two
_____.

6 book

I like _____.

5 dog

I like _____.

4 bird

I like _____.

7 sock

Where are my
_____?

8 pant

Where are my
_____?

9 scissor

Where are my
_____?

FINISH

🧄 Discover Grammar

🌶 다음 문장을 듣고 들은 문장에 ☑ 표시를 하세요.

1 나는 잔이 세 개 필요하다.

☐ I need a glass.
☐ I need three glasses.

✎ _____

2 나는 접시가 두 개 필요하다.

☐ I need dish two.
☐ I need two dishes.

✎ _____

3 나는 여우가 두 마리 보인다.

☐ I see a fox.
☐ I see two foxes.

✎ _____

4 나는 버스가 세 대 보인다.

☐ I see a bus.
☐ I see three buses.

✎ _____

5 그녀는 복숭아를 많이 가지고 있다.

☐ She has many peaches.
☐ She has peaches many.

✎ _____

6 그녀는 감자를 많이 가지고 있다.

☐ She has a potato.
☐ She has many potatoes.

✎ _____

🐢 다시 들으면서 발음과 억양에 주의해서 따라 읽고, 문장을 써 보세요.

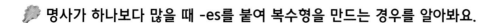 **Learn Grammar**

저자 직강

🌰 명사가 하나보다 많을 때 -es를 붙여 복수형을 만드는 경우를 알아봐요.

Rule 1 명사의 복수형은 어떻게 만드나요?

대부분의 명사는 뒤에 -s를 붙여요.

 trees 나무들

 snakes 뱀들

 bears 곰들

 girls 소녀들

 caps 모자들

 pencils 연필들

> **TIP**
> 명사가 하나이면 단수, 둘 이상이면 복수라고 해요.

① a book → two ＿＿＿＿＿＿ 책 두 권
② a girl → many ＿＿＿＿＿＿ 많은 소녀들
③ a dog → four ＿＿＿＿＿＿ 개 네 마리
④ a house → three ＿＿＿＿＿＿ 집 세 채

Rule 2 언제 -es를 붙여 복수형으로 만드나요?

-s, -sh, -ch, -o, -x로 끝나는 명사는 뒤에 -es를 붙여요.

 a bus → buses 버스들

 a dish → dishes 접시들

 a peach → peaches 복숭아들

 a potato → potatoes 감자들

 a fox → foxes 여우들

pianoes (x) → pianos (o)
-o로 끝나지만
-s만 붙여요.

① a box → two ＿＿＿＿＿＿ 상자 두 개
② a bench → three ＿＿＿＿＿＿ 벤치 세 개
③ a watch → four ＿＿＿＿＿＿ 시계 네 개
④ a brush → many ＿＿＿＿＿＿ 많은 붓들

사진을 보고 알맞은 단어를 골라 복수형으로 바꿔 쓰세요.

box   hat   bench

1 two _____

2 three _____

3 four _____

brush   dress   snake

4 two _____

5 three _____

6 four _____

bush   potato   glass

7 many _____

8 many _____

9 many _____

Self-Check

- 대부분의 명사는 뒤에 -____를 붙여 복수형을 만들어요.
- -s, -sh, -ch, -o, -x로 끝나는 명사는 뒤에 -____를 붙여 복수형을 만들어요.

Use Grammar

한 칸씩 이동하며 빈칸에 주어진 단어를 복수형으로 바꿔 문장을 완성하세요.

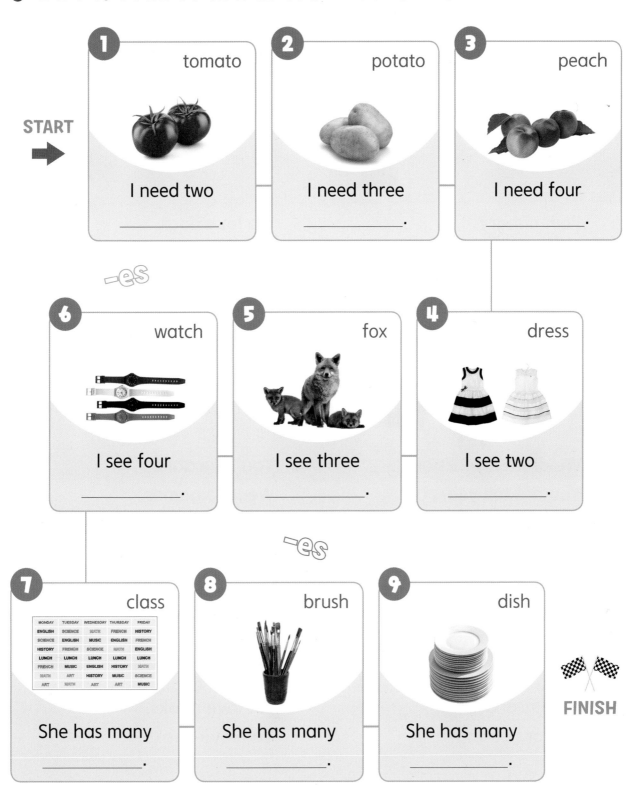

1 tomato

I need two

_____.

2 potato

I need three

_____.

3 peach

I need four

_____.

-es

6 watch

I see four

_____.

5 fox

I see three

_____.

4 dress

I see two

_____.

-es

7 class

She has many

_____.

8 brush

She has many

_____.

9 dish

She has many

_____.

FINISH

START

Discover Grammar

🌶 다음 문장을 듣고 들은 문장에 ☑ 표시를 하세요.

---

1 나는 배가 고프다.

- ☐ I am hungry.
- ☐ You are hungry.

✏ _____

---

2 나는 개를 아주 좋아한다.

- ☐ We love dogs.
- ☐ I love dogs.

✏ _____

---

3 우리는 열 살이다.

- ☐ We are ten years old.
- ☐ You are ten years old.

✏ _____

---

4 우리는 게임을 아주 좋아한다.

- ☐ You love games.
- ☐ We love games.

✏ _____

---

5 너는 힘이 세다.

- ☐ I am strong.
- ☐ You are strong.

✏ _____

---

6 너희들은 책을 아주 좋아한다.

- ☐ We love books.
- ☐ You love books.

✏ _____

🐵 다시 들으면서 발음과 억양에 주의해서 따라 읽고, 문장을 써 보세요.

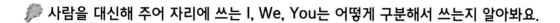# Learn Grammar

 저자 직강

🌱 사람을 대신해 주어 자리에 쓰는 I, We, You는 어떻게 구분해서 쓰는지 알아봐요.

| Rule 1 | 인칭대명사 I와 We는 언제 쓰나요? |

I는 주어가 말하는 자신일 때, We는 나를 포함한 여러 명을 대신할 때 써요.

I = 나는 (말하는 자신)	**We** = 우리는 (나를 포함한 여러 명)
➡I는 항상 대문자로 써요. **I** am tall. 나는 키가 크다. **I** love books. 나는 책을 아주 좋아한다.	➡I는 항상 뒤에 말해요. Mike and **I** are friends. 마이크와 나는 친구이다. **We** are hungry. 우리는 배가 고프다.

> **TIP**
> 주어란 문장 맨 앞에 와서 '은, 는, 이, 가'로 해석되는 말이에요.

✏️ ① You and I are → _____ are   ② My dad and I like → _____ like

| Rule 2 | 인칭대명사 You는 언제 쓰나요? |

You는 주어가 듣는 상대방 또는 듣는 상대방을 포함한 여러 명을 대신할 때 써요.

You = 너는 (듣는 상대방)	**You** = 너희들은 (너를 포함한 여러 명)
You are my son. 너는 내 아들이다. **You** are strong. 너는 강하다.	➡You를 항상 먼저 말해요. **You** and Bill are friends. 너와 빌은 친구이다. **You** love games. 너희들은 게임을 아주 좋아한다.

✏️ ① You and Emma are → _____ are   ② You and your friends go → _____ go

Practice Grammar

🌽 사진을 보고 I, We, You 중 알맞은 인칭대명사를 쓰세요.

1 나는: _____

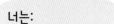

2 우리는: _____

3 너희들은: _____

4 너는: _____

5 당신은: _____

6 우리는: _____

🥕 괄호 안에서 밑줄 친 부분을 대신하는 인칭대명사를 고르세요.

Danny and I

1 <u>Danny and I</u> are friends.
   (We / You) love animals.

2 <u>You and I</u> are the same.
   (We / You) love movies.

You and I

You and Julie

3 <u>You and Julie</u> are funny.
   (We / You) love books.

4 <u>My dad and I</u> are happy.
   (We / You) love cars.

My dad and I

Self-Check

- (I / You)는 말하는 자신을, (I / You)는 듣는 상대방을 대신해요.
- _____는 나를 포함한 여러 명을 대신해요.

🥄 우리말에 알맞은 인칭대명사와 주어진 단어로 문장을 완성하세요.

1

나는

happy

am

→ I _____.

2

너는

are

eleven

→ _____.

3

우리는

love

sports

→ _____.

4

너희들은

songs

love

→ _____.

5

당신들은

parents

my

are

→ _____.

6

우리는

family

a

are

→ _____.

🧄 Discover Grammar

🌶 다음 문장을 듣고 들은 문장에 ☑ 표시를 하세요.

1 그는 귀엽다.

This is my brother.
- [ ] **He is cute.**
- [ ] **She is cute.**

✏ _____

2 그녀는 키가 크다.

This is my sister.
- [ ] **He is a tall.**
- [ ] **She is tall.**

✏ _____

3 그는 가수이다.

The boy is Rex.
- [ ] **He is a singer.**
- [ ] **She is a singer.**

✏ _____

4 그녀는 무용수이다.

The girl is Jane.
- [ ] **He is dancer.**
- [ ] **She is a dancer.**

✏ _____

5 그는 왕이다.

Who is the man?
- [ ] **He is a king.**
- [ ] **She is a king.**

✏ _____

6 그녀는 여왕이다.

Who is the woman?
- [ ] **He is a queen.**
- [ ] **She is a queen.**

✏ _____

🦜 다시 들으면서 발음과 억양에 주의해서 따라 읽고, 문장을 써 보세요.

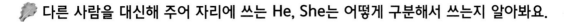

Learn Grammar

🍲 다른 사람을 대신해 주어 자리에 쓰는 He, She는 어떻게 구분해서 쓰는지 알아봐요.

Rule 1 He는 언제 쓰나요?

인칭대명사 He는 주어가 남자 한 명을 대신할 때 써요.

| **He = 그는**
(남자 한 명) | This is <u>my brother</u>. **He** is cute. 이 아이는 내 남동생이다. 그는 귀엽다.

The boy is <u>Rex</u>. **He** is a singer. 그 소년은 렉스이다. 그는 가수이다.

Who is <u>the man</u>? **He** is a king. 그 남자는 누구니? 그는 왕이다. |

① Tom is → _____ is
② My dad works → _____ works
③ The man has → _____ has
④ My uncle eats → _____ eats

Rule 2 She는 언제 쓰나요?

인칭대명사 She는 주어가 여자 한 명을 대신할 때 써요.

| **She = 그녀는**
(여자 한 명) | This is <u>my sister</u>. **She** is tall. 이 아이는 내 여동생이다. 그녀는 키가 크다.

The girl is <u>Jane</u>. **She** is a dancer. 그 소녀는 제인이다. 그녀는 무용수이다.

Who is <u>the woman</u>? **She** is a queen. 그 여자는 누구니? 그녀는 여왕이다. |

① Julie is → _____ is
② My mom works → _____ works
③ The woman has → _____ has
④ My aunt eats → _____ eats

🌰 괄호 안에서 밑줄 친 부분을 대신하는 인칭대명사를 고르세요.

1

Amy is my sister.

(He / She) is pretty.

2

Bill is my brother.

(He / She) is nice.

3

This is a king.

(He / She) is tall.

4

This is a queen.

(He / She) is busy.

5

The woman is a witch.

(He / She) likes bats.

6

The man is my uncle.

(He / She) likes books.

7

↱ 남자의 성 앞에 붙이고
'~ 씨'라는 의미예요.

This is Mr. Smith.

(He / She) is a teacher.

8

↱ 여자의 성 앞에 붙이고
'~ 씨'라는 의미예요.

This is Ms. Brown.

(He / She) is a nurse.

Self-Check
- 인칭대명사 He나 She는 다른 사람을 대신하는 (주어 / 동사)예요.
- He는 '(그는 / 그녀는)', She는 '(그는 / 그녀는)'을 의미해요.

Use Grammar

질문에 알맞은 주어와 말을 골라 대답을 완성하세요.

1 Who is the girl?

He ☐	is	my mother. ☐
She ☐		my sister. ☐

2 Who is Mr. Baker?

He ☐	is	my mom. ☐
She ☐		my dad. ☐

3 Who is the boy?

He ☐	is	my brother. ☐
She ☐		my father. ☐

4 Who is Mary?

He ☐	is	my son. ☐
She ☐		my aunt. ☐

5 Who is the woman?

He ☐	is	a king. ☐
She ☐		a queen. ☐

6 Who is David?

He ☐	is	a witch. ☐
She ☐		my uncle. ☐

Discover Grammar

🌶️ 다음 문장을 듣고 들은 문장에 ☑ 표시를 하세요.

저자 직강

---

1 그것은 느리다.

I have a <u>turtle</u>.

☐ **It is slow.**
☐ **They are slow.**

✏️ _____

---

2 그것은 빠르다.

He has <u>a car</u>.

☐ **It is fast.**
☐ **They are fast.**

✏️ _____

---

3 그들은 너무 재미있다.

We like <u>Jack and Jill</u>.

☐ **It is so fun.**
☐ **They are so fun.**

✏️ _____

---

4 그것들은 너무 귀엽다.

He likes <u>his dogs</u>.

☐ **It is so cute.**
☐ **They are so cute.**

✏️ _____

---

5 그것은 침대 위에 있다.

Where is <u>my T-shirt</u>?

☐ **It is on the bed.**
☐ **They are on the bed.**

✏️ _____

---

6 그것들은 소파 아래에 있다.

Where are <u>your glasses</u>?

☐ **It is under the sofa.**
☐ **They are under the sofa.**

✏️ _____

🐢 다시 들으면서 발음과 억양에 주의해서 따라 읽고, 문장을 써 보세요.

🍜 Learn Grammar

🦎 사물이나 사람을 대신해 주어 자리에 쓰는 It, They는 어떻게 구분해서 쓰는지 알아봐요.

Rule 1 — It은 언제 쓰나요?

인칭대명사 It은 주어가 사물이나 동물 하나를 대신할 때 써요.

It = 그것은 (하나)	I have <u>a turtle</u>. **It** is slow. 나는 거북이가 있다. 그것은 느리다. He has <u>a car</u>. **It** is fast. 그는 차가 있다. 그것은 빠르다. Where is <u>my T-shirt</u>? **It** is on the bed. 내 티셔츠는 어디에 있니? 그것은 침대 위에 있다.

① The chair is → _____ is   ② A duck has → _____ has

③ The door opens → _____ opens   ④ My class starts → _____ starts

Rule 2 — They는 언제 쓰나요?

인칭대명사 They는 주어가 나, 너를 제외한 여러 사람 또는 하나보다 많은 사물이나 동물을 대신할 때 써요.

They = 그[것]들은 (여럿)	We like <u>Jack and Jill</u>. **They** are so fun. 우리는 잭과 질을 좋아한다. 그들은 너무 재미있다. He like <u>his dogs</u>. **They** are so cute. 그는 그의 개들을 좋아한다. 그것들은 너무 귀엽다. → 안경은 항상 복수로 써요. Where are <u>your glasses</u>? **They** are under the sofa. 네 안경은 어디에 있니? 그것들은 소파 아래에 있다.

① The scissors are → _____ are   ② The dogs have → _____ have

③ Your sons play → _____ play   ④ My parents love → _____ love

🧂 Practice Grammar

🧂 괄호 안에서 밑줄 친 부분을 대신하는 인칭대명사를 고르세요.

1

I have <u>an eraser</u>.

(It / They) is good.

2

She has <u>a house</u>.

(It / They) is small.

3

I have <u>twin sisters</u>.

(It / They) are the same.

4

She has <u>two dogs</u>.

(It / They) are big.

5

We like <u>oranges</u>.

(It / They) are sweet.

6

He likes <u>the soup</u>.

(It / They) is warm.

7

We like <u>the teachers</u>.

(It / They) are kind.

8

She likes <u>her dress</u>.

(It / They) is pretty.

Self-Check

• It은 (단수 / 복수)를, They는 (단수 / 복수)를 대신하는 (주어 / 동사)예요.

• It은 '(그것은 / 그것들은)', They는 '(그것은 / 그것들은)'을 의미해요.

Use Grammar

질문에 알맞은 주어와 말을 골라 대답을 완성하세요.

1 Where is the box?

It ☐	is	on the table. ☐
They ☐		under the sofa. ☐

2 Where is the spider?

It ☐	is	on the table. ☐
They ☐		under the sofa. ☐

3 Where are my shoes?

It ☐	are	on the box. ☐
They ☐		under the chair. ☐

4 Where is his T-shirt?

It ☐	is	on the box. ☐
They ☐		under the chair. ☐

5 Where are my scissors?

It ☐	are	in the bag. ☐
They ☐		in the box. ☐

6 Where are your brothers?

He ☐	are	in the garden. ☐
They ☐		in the kitchen. ☐

am, are, is

🧄 Discover Grammar

🌶️ 다음 문장을 듣고 들은 문장에 ☑ 표시를 하세요.

저자 직강

1 나는 용감하다.

I

- ☐ I brave am.
- ☐ I am brave.

_____

2 너는 나의 사촌이다.

You

- ☐ You am my cousin.
- ☐ You are my cousin.

_____

3 우리는 신이 났다.

We

- ☐ We is excited.
- ☐ We are excited.

_____

4 그것들은 새 공책들이다.

They

- ☐ They are new notebooks.
- ☐ They new notebooks are.

_____

5 그는 집에 있다.

He

- ☐ He at home.
- ☐ He is at home.

_____

6 그녀는 학교에 있다.

She

- ☐ She are at school.
- ☐ She is at school.

_____

7 그것은 둥지 안에 있다.

It

- ☐ It is in the nest.
- ☐ It am in the nest.

_____

🐿️ 다시 들으면서 발음과 억양에 주의해서 따라 읽고, 문장을 써 보세요.

🌿 '~이다, (~에) 있다'라는 뜻의 be동사 am, are, is는 어떤 주어와 함께 쓰는지 알아봐요.

Rule 1 | am은 어떤 주어와 함께 쓰나요?

주어가 I인 경우에만 be동사 am을 써요.

| **I** | **+** | **am** |

I am은 I'm으로
줄일 수 있어.

I am brave. (나는 / 이다 / 용감한)

📝 ① I (am / are) → I'm　　　　　② (I / she) am → _____

Rule 2 | are는 어떤 주어와 함께 쓰나요?

주어가 You, We, They인 경우에는 be동사 are를 써요.

| **You** | **We** | **They** | **+** | **are** |

You are my cousin. (너는 / 이다 / 나의 사촌)
We are excited. (우리는 / 이다 / 신이 난)
They are new notebooks. (그것들은 / 이다 / 새 공책들)

> **TIP**
> 〈주어 + be동사〉 줄임말
> • You are → You're
> • We are → We're
> • They are → They're

📝 ① You (is / are) → _____　　② They (is / are) → _____

Rule 3 | is는 어떤 주어와 함께 쓰나요?

주어가 He, She, It인 경우에는 be동사 is를 써요.

| **He** | **She** | **It** | **+** | **is** |

He is at home. (그는 / 있다 / 집에)
She is at school. (그녀는 / 있다 / 학교에)
It is in the nest. (그것은 / 있다 / 둥지 안에)

> **TIP**
> 〈주어 + be동사〉 줄임말
> • He is → He's
> • She is → She's
> • It is → It's

📝 ① He (is / are) → _____　　② It (is / are) → _____

Practice Grammar

그림을 보고 알맞은 주어와 be동사를 골라 쓴 다음, 줄임말로 쓰세요.

1 그것은

It · are · You · is

It is → It's

2 나는

I · is · You · am

→

3 그녀는

She · is · They · are

→

4 그는

She · am · He · is

→

5 너는

You · is · He · are

→

6 그들은

We · is · They · are

→

7 우리는

We · am · I · are

→

8 너희들은

She · is · You · are

→

🥢 괄호 안에서 주어에 알맞은 be동사를 고른 다음, 문장을 완성하세요.

1

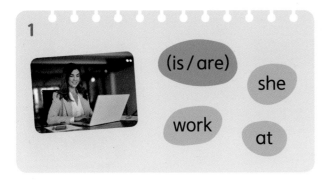

(is / are) she work at

→ She _____ .

2

(is / are) colors they warm

→ _____ .

3

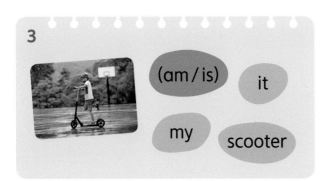

(am / is) it my scooter

→ _____ .

4

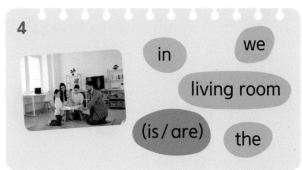

in we living room (is / are) the

→ _____ .

5

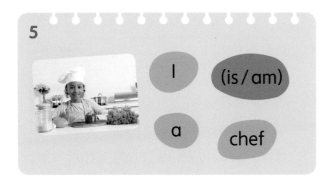

I (is / am) a chef

→ _____ .

6

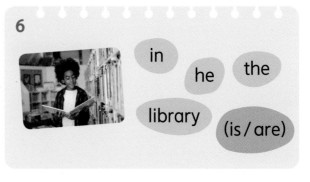

in he the library (is / are)

→ _____ .

🧄 Discover Grammar

🌶 다음 문장을 듣고 들은 문장에 ☑ 표시를 하세요.

저자 직강

---

1 너의 개는 게으르다.

- ☐ Your dog is lazy.
- ☐ Your dogs are lazy.

✏ _____

---

2 브라운 선생님은 피곤하다.

- ☐ Mr. Brown is tired.
- ☐ Mr. Brown are tired.

✏ _____

---

3 그 배낭은 내 것이다.

- ☐ The backpack is mine.
- ☐ The backpacks are mine.

✏ _____

---

4 그 신발은 내 것이다.

- ☐ The shoe is mine.
- ☐ The shoes are mine.

✏ _____

---

5 벤과 나는 캐나다에서 왔다.

- ☐ Ben and I am from Canada.
- ☐ Ben and I are from Canada.

✏ _____

---

6 그 오렌지들은 미국산이다.

- ☐ The oranges is from America.
- ☐ The oranges are from America.

✏ _____

🐿 다시 들으면서 발음과 억양에 주의해서 따라 읽고, 문장을 써 보세요.

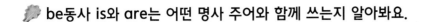

Learn Grammar

🍃 be동사 is와 are는 어떤 명사 주어와 함께 쓰는지 알아봐요.

Rule 1 is는 어떤 명사 주어와 함께 쓰나요?

주어로 쓰인 명사가 하나, 즉 He, She, It으로 대신해서 쓸 수 있는 단수 명사 주어는 is를 써요.

> 단수 명사 주어 ➕ is

Mr. Brown is tired. (브라운 선생님은 / 이다 / 피곤한)
└→He

Jenny is eight years old. (제니는 / 이다 / 8살)
└→She

The backpack is mine. (그 배낭은 / 이다 / 내 것)
         └→It

① (Amanda / The girls) is   ② (My name / My shoes) is
③ (The boys / My dad) is   ④ (Your T-shirt / Your pants) is

Rule 2 are는 어떤 명사 주어와 함께 쓰나요?

주어로 쓰인 명사가 둘 이상, 즉 We, They로 대신해서 쓸 수 있는 복수 명사 주어는 are를 써요.

> 복수 명사 주어 ➕ are

Ben and I are from Canada. (벤과 나는 / 이다 / 캐나다에서 온)
└→We

TIP
두 명사가 and로 연결되면 복수로 취급해요.

Tom and Kelly are noisy. (톰과 켈리는 / 이다 / 시끄러운)
  └→They

The oranges are from America. (그 오렌지들은 / 이다 / 미국에서 온)
  └→They

① (Tom / Tom and Kate) are   ② (A bear / Bears) are
③ (My eyes / My nose) are   ④ (The key / The keys) are

Practice Grammar

사진을 보고 알맞은 주어와 be동사를 골라 쓴 다음, 주어를 인칭대명사로 바꿔 쓰세요.

1
My ball | is
My balls | are

My ball is → It is

2
A bee | is
Bees | are

→

3
The skirt | is
The skirts | are

→

4
The bottle | is
The bottles | are

→

5
A model | is
Two models | are

→

6
Your pen | is
Your pens | are

→

7
My hand | is
My hands | are

→

8
Your fork | is
Your forks | are

→

Self-Check
- 주어가 단수 명사일 때 be동사는 (is / are)를 써요.
- 주어가 복수 명사일 때 be동사는 (is / are)를 써요.

Use Grammar

📝 사진과 일치하는 문장의 기호를 쓰고, 알맞은 be동사를 골라 문장을 완성하세요.

1

2

3

ⓐ The potatoes (is / are) hot.

ⓑ My mom (is / are) tired.

ⓒ This pencil (is / are) mine.

4

5

6

ⓓ The socks (is / are) mine.

ⓔ This postcard (is / are) from Italy.

ⓕ My brother and I (is / are) so close.

7

8

9

ⓖ My aunt (is / are) from Canada.

ⓗ Ken and Amy (is / are) so noisy.

ⓘ Your hands (is / are) dirty.

인칭대명사 역할 외에 **시간이나 날씨**를 나타내는 문장에 쓰이는 **It**을 배워볼까요?

A 시간을 나타낼 때 It은 문장에서 주어로 쓰여요. 이때 It은 '그것은'이라고 해석하지 않아요.
빈칸에 It을 써 표현을 완성하세요.

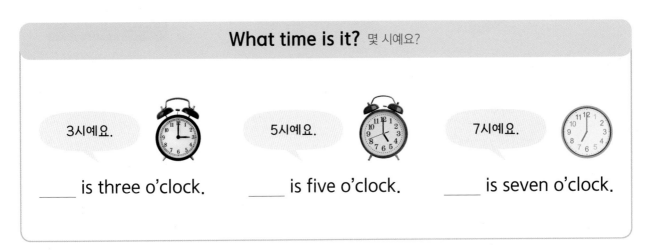

What time is it? 몇 시예요?

3시예요.

____ is three o'clock.

5시예요.

____ is five o'clock.

7시예요.

____ is seven o'clock.

B 날씨를 나타낼 때 It은 문장에서 주어로 쓰여요. 이때 It은 '그것은'이라고 해석하지 않아요.
빈칸에 It을 써 표현을 완성하세요.

How's the weather today? 오늘 날씨는 어때요?

화창해요.

____ is sunny.

흐려요.

____ is cloudy.

비가 와요.

____ is rainy.

추워요.

____ is cold.

바람이 불어요.

____ is windy.

눈이 와요.

____ is snowy.

주어와 be동사를 줄인 줄임말은 자주 사용해요. 줄임말을 활용한 생활 회화 표현을 배워볼까요?

C 주어에 알맞은 be동사와 〈주어 + be동사〉의 줄임말을 연결하세요.

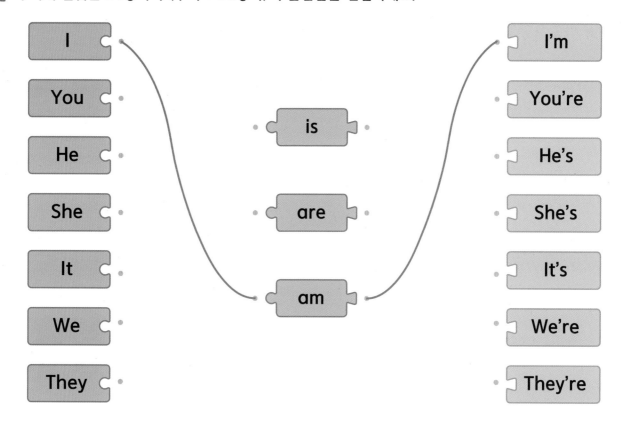

D 〈주어 + be동사〉의 줄임말을 써 표현을 완성하세요.

I + **am** = [ ]	미안해요. •	_____ so sorry.	
	틀림없어요. •	_____ sure.	
It + **is** = [ ]	당신 차례예요. •	_____ your turn.	
	천만에요. •	_____ my pleasure.	
We + **are** = [ ]	영업 중이에요. •	_____ open.	
	영업이 끝났어요. •	_____ closed.	

09 am / are / is + not

🧄 Discover Grammar

🌶 다음 문장을 듣고 들은 문장에 ☑ 표시를 하세요.

---

1 나는 집에 없다.

- ☐ I'm no at home.
- ☐ I'm not at home.

✏ _____

---

2 그는 여기에 없다.

- ☐ He's not here.
- ☐ He isn't here.

✏ _____

---

3 그것은 내 것이 아니다.

- ☐ It's not mine.
- ☐ It isn't mine.

✏ _____

---

4 그녀는 의사가 아니다.

- ☐ She is not a doctor.
- ☐ She isn't a doctor.

✏ _____

---

5 우리는 조종사가 아니다.

- ☐ We're not pilots.
- ☐ We aren't pilots.

✏ _____

---

6 그들은 게으르지 않다.

- ☐ They're not lazy.
- ☐ They aren't lazy.

✏ _____

🐿 다시 들으면서 발음과 억양에 주의해서 따라 읽고, 문장을 써 보세요.

Learn Grammar

🍃 '~이 아니다, (~에) 없다'라는 뜻의 **be동사 부정문**을 만드는 방법을 알아봐요.

Rule 1 | be동사 am의 부정문은 어떻게 만드나요?

be동사 am 뒤에 not을 써요.

I	am	+	not

I am at home.
→ **I am not** at home. 나는 집에 없다.
I am ten years old.
→ **I'm not** ten years old. 나는 10살이 아니다.

TIP
am not은 줄여서 쓸 수 없어요.
I amn't (x) → I'm not (O)

✎ ① 나는 ~이 아니다 → I am _____　② I am not = _____ not

Rule 2 | be동사 are, is의 부정문은 어떻게 만드나요?

be동사 are, is 뒤에 not을 써요. are not은 aren't, is not은 isn't로 줄여서 쓸 수 있어요.

You We They	are	+	not

He She It	is	+	not

You **are not** at school. 너는 학교에 없다.
We**'re not** pilots. 우리는 조종사가 아니다.
They **aren't** clever. 그들은 영리하지 않다.

He **is not** here. 그는 여기에 없다.
She**'s not** a doctor. 그녀는 의사가 아니다.
It **isn't** mine. 그것은 내 것이 아니다.

TIP
be동사 부정문을 줄여서 쓰는 방법은 두 가지가 있어요.
❶ 〈주어 + be동사〉를 줄여서 써요.
You are not lazy. → **You're** not lazy.
❷ 〈be동사 + not〉을 줄여서 써요.
He **is not** here. → He **isn't** here.

✎ ① 너는 친구가 아니다. → You _____ a friend.　② 그것은 빠르지 않다. → It _____ _____ fast.
③ 우리는 집에 없다. → We _____ at home.　④ 그는 내 삼촌이 아니다. → He _____ my uncle.

🌿 주어에 알맞은 be동사를 고른 다음, 부정문으로 바꿔 쓰세요.

1 The singers (is / are) sisters.

→ They __are__ __not__ sisters.

→ They __aren't__ sisters.

2 The pilot (is / are) clever.

→ He _____ _____ clever.

→ He _____ clever.

3 The flowers (is / are) yellow.

→ They _____ _____ yellow.

→ They _____ yellow.

4 This pizza (is / are) mine.

→ It _____ _____ mine.

→ It _____ mine.

5 The desk (is / are) old.

→ It _____ _____ old.

→ It _____ old.

6 Your glasses (is / are) here.

→ They _____ _____ here.

→ They _____ here.

7 My mom (is / are) busy.

→ She _____ _____ busy.

→ She _____ busy.

8 Jack and I (is / are) bored.

→ We _____ _____ bored.

→ We _____ bored.

Self-Check

• be동사 부정문은 be동사 (앞 / 뒤)에 _____을 써요.

• are not은 _____, is not은 _____로 줄여서 쓸 수 있어요.

주어진 단어를 이용하여 사진을 설명하세요.

1

I am _thirsty_.
I'm __not__ __hungry__.

thirsty / hungry

2

I am _____.
I'm _____ _____.

3

A turtle is _____.
It __isn't__ _____.

slow / fast

4

A lion is _____.
It _____ _____.

5

Summer is _____.
It _____ _____.

hot / cold

6

Winter is _____.
It _____ _____.

7

The roses are _____.
They _____ _____.

red / yellow

8

The tulips are _____.
They _____ _____.

Discover Grammar

🌶 다음 문장을 듣고 들은 문장에 ☑ 표시를 하세요.

1 너는 준비가 되었니?

☐ **Am I ready?**
☐ **Are you ready?**

Yes, I am.

✏️ _____

2 너희들은 화가 났니?

☐ **Are they angry?**
☐ **Are you angry?**

No, we aren't.

✏️ _____

3 그는 비행기에 타고 있니?

☐ **Is he on a plane?**
☐ **Is she on a plane?**

Yes, he is.

✏️ _____

4 그녀는 버스를 타고 있니?

☐ **Is he on a bus?**
☐ **Is she on a bus?**

No, she isn't.

✏️ _____

5 그것은 너의 단추이니?

☐ **Is it your button?**
☐ **Are they your buttons?**

Yes, it is.

✏️ _____

6 그것들은 너의 개들이니?

☐ **Is it your dog?**
☐ **Are they your dogs?**

No, they aren't.

✏️ _____

🐌 다시 들으면서 발음과 억양에 주의해서 따라 읽고, 문장을 써 보세요.

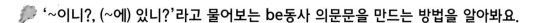 **Learn Grammar**

🌿 '~이니?, (~에) 있니?'라고 물어보는 be동사 의문문을 만드는 방법을 알아봐요.

Rule 1 | be동사 의문문은 어떻게 만드나요?

be동사 의문문은 be동사를 주어 앞에 쓰고 끝에 물음표(?)를 붙여요.

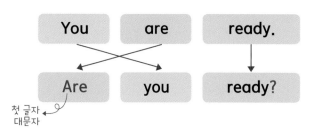

첫 글자 대문자

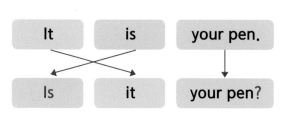

✏️ ① (Am / Is) I a student?　② (Are you / You are) tired?　③ (He is / Is he) at home?

Rule 2 | be동사 의문문에 대한 대답은 어떻게 하나요?

be동사로 묻는 질문은 Yes(응)나 No(아니)로 대답해요. 주어가 명사인 질문에 대답할 때 명사 주어는 인칭대명사로 바꿔 대답해요.

~이니?/(~에) 있니?	◎ 응, 그래.	✖ 아니, 그렇지 않아.
Am I ~?	Yes, you are.	No, you aren't.
Are you(너) **~?**	Yes, I am.	No, I'm not.
Are we ~?	Yes, you/we are.	No, you/we aren't.
Are the boys ~?	Yes, they are.	No, they aren't.
Is Jack ~?	Yes, he is.	No, he isn't.
Is the girl ~?	Yes, she is.	No, she isn't.
Is your dog ~?	Yes, it is.	No, it isn't.

TIP
No로 대답할 때는 〈be동사 + not〉의 줄임말을 써요.

✏️ ① Are they ~? Yes, they ＿＿＿＿＿＿.　② Is she ~? No, she ＿＿＿＿＿＿.

Practice Grammar

주어진 문장을 의문문으로 바꿔 쓰세요.

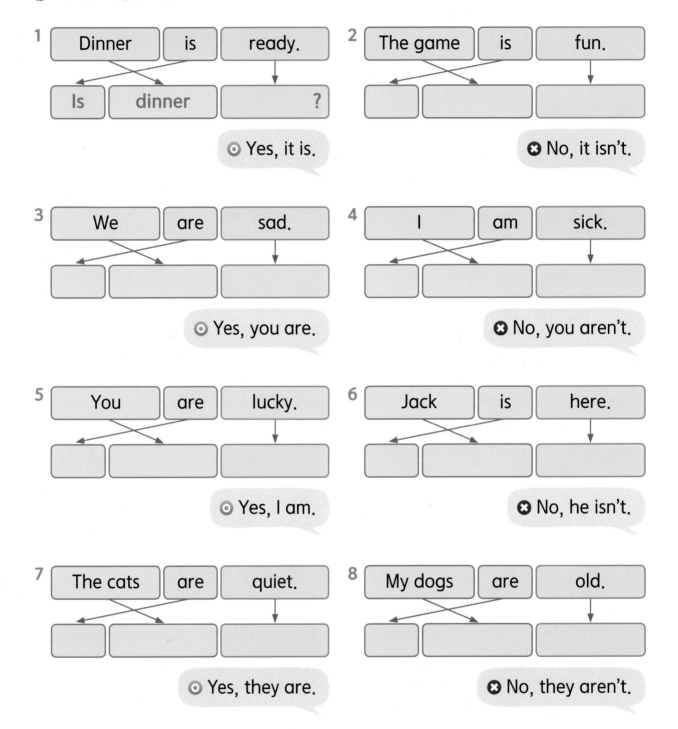

1

Dinner	is	ready.

Is	dinner	?

◉ Yes, it is.

2

The game	is	fun.

✖ No, it isn't.

3

We	are	sad.

◉ Yes, you are.

4

I	am	sick.

✖ No, you aren't.

5

You	are	lucky.

◉ Yes, I am.

6

Jack	is	here.

✖ No, he isn't.

7

The cats	are	quiet.

◉ Yes, they are.

8

My dogs	are	old.

✖ No, they aren't.

Self-Check
- be동사 의문문은 be동사를 주어 (앞 / 뒤)에 써요.
- be동사 의문문에 대한 대답은 _____나 _____로 해요.

50

🍜 Use Grammar

🥄 괄호 안에서 알맞은 be동사를 고른 다음, 대답을 완성하세요.

1

(Is / Are) you surprised?

❌ No, I'm _____ .

2

(Am / Is) I late?

🔘 Yes, you _____ .

3

(Am / Are) we okay?

❌ No, you _____ .

4

(Is / Are) it closed?

🔘 Yes, it _____ .

5

(Is / Are) he on a horse?

🔘 Yes, he _____ .

6

(Is / Are) she on a bus?

❌ No, she _____ .

7

(Is / Are) they your sandwiches?

❌ No, they _____ .

8

(Is / Are) it your money?

🔘 Yes, it _____ .

There is or There are

🧄 Discover Grammar

🌶️ 다음 문장을 듣고 들은 문장에 ☑ 표시를 하세요.

1 공원이 하나 있다.

☐ **There is a park.**
☐ **There are parks.**

_____

2 호텔이 많이 있다.

☐ **There is a hotel.**
☐ **There are many hotels.**

_____

3 병원이 하나 있다.

☐ **There is a hospital.**
☐ **There are a hospital.**

_____

4 가게가 몇 개 있다.

☐ **There is some shops.**
☐ **There are some shops.**

_____

5 도서관이 하나 있다.

☐ **There is a library.**
☐ **There are a library.**

_____

6 집이 많이 있다.

☐ **There is a house.**
☐ **There are many houses.**

_____

🐵 다시 들으면서 발음과 억양에 주의해서 따라 읽고, 문장을 써 보세요.

Learn Grammar

🍃 '~가 있다'라는 의미의 There is/are는 어떻게 구분해서 쓰는지 알아봐요.

Rule 1 | **There is는 언제 쓰나요?**

명사가 하나인 경우 '~가 있다'라고 말할 때 There is를 쓰고 뒤에 단수 명사가 주어로 와요.

There is ➕ **단수 명사 주어**

There is a park. 공원이 (하나) 있다.
There is a bank. 은행이 (하나) 있다.
There is an airport. 공항이 (하나) 있다.

> **TIP**
> There is/are 문장에서 There는 '거기에'라고 해석하지 않아요.

✎
① There (is / are) a house.
② There (is / are) a library.
③ There is (a shop / shops).
④ There is (a hotel / hotels).

Rule 2 | **There are는 언제 쓰나요?**

명사가 둘 이상인 경우 '~가 있다'라고 말할 때 There are를 쓰고 뒤에 복수 명사가 주어로 와요.

There are ➕ **복수 명사 주어**

There are two hotels. 호텔이 두 개 있다.
There are many houses. 집이 많이 있다.
There are some restaurants. 식당이 몇 개 있다.

> **TIPS**
> ❶ some(몇몇의)과 many(많은) 뒤에는 복수 명사가 와요.
> There are **some** parks. 공원이 몇 개 있다.
> There are **many** shops. 가게가 많이 있다.
> ❷ 부정문은 '~가 없다'라는 의미로 be동사 뒤에 not을 써요.
> **There is not**(= **There isn't**) a chair. 의자가 없다.
> ❸ 의문문은 '~가 있니?'라는 의미로 be동사를 there 앞에 써요.
> **Are there** many cars? 차가 많이 있니?

✎
① There (is / are) some parks.
② There (is / are) many shops.
③ There are (a school / many schools).
④ There are (a supermarket / some supermarkets).

Practice Grammar

괄호 안에서 알맞은 be동사를 고른 다음, 문장을 다시 쓰세요.

1

There (is / are) a mirror.

→ There is a mirror .

2

There (is / are) two beds.

→ _____ .

3

There (is / are) a sofa.

→ _____ .

4

There (is / are) a table.

→ _____ .

5

There (is / are) curtains.

→ _____ .

6

There (is / are) some windows.

→ _____ .

7

There (is / are) a rug.

→ _____ .

8

There (is / are) an armchair.

→ _____ .

Self-Check

- 명사가 하나 있을 때 There (is / are) 뒤에 (단수 / 복수) 명사를 써요.
- 명사가 둘 이상 있을 때 There (is / are) 뒤에 (단수 / 복수) 명사를 써요.

Use Grammar

괄호 안에서 알맞은 be동사를 고른 다음, 문장을 완성하세요.

1

(is / are)   many   there   restaurants

→ There _____.

2

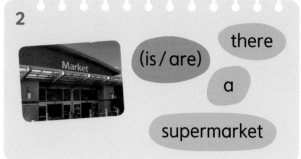

(is / are)   there   a   supermarket

→ _____.

3

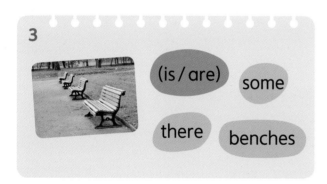

(is / are)   some   there   benches

→ _____.

4

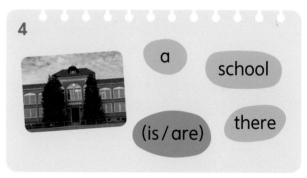

a   school   (is / are)   there

→ _____.

5

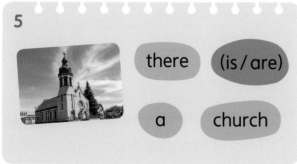

there   (is / are)   a   church

→ _____.

6

trees   three   there   (is / are)

→ _____.

🧄 Discover Grammar

🌶 다음 문장을 듣고 들은 문장에 ☑ 표시를 하세요.

---

1 이것은 오렌지이다.

- ☐ This is an orange.
- ☐ It is an orange.

✎ _____

---

2 이것들은 오렌지들이다.

- ☐ These are oranges.
- ☐ They are oranges.

✎ _____

---

3 이것은 내 모자이다.

- ☐ This is my hat.
- ☐ There are my hat.

✎ _____

---

4 이것들은 너의 장갑이다.

- ☐ This is your gloves.
- ☐ These are your gloves.

✎ _____

---

5 이것은 내 공이다.

- ☐ This is my ball.
- ☐ These are my balls.

✎ _____

---

6 이것들은 너의 양말이다.

- ☐ This is your socks.
- ☐ These are your socks.

✎ _____

🐚 다시 들으면서 발음과 억양에 주의해서 따라 읽고, 문장을 써 보세요.

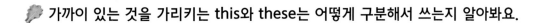
Learn Grammar

🍃 가까이 있는 것을 가리키는 this와 these는 어떻게 구분해서 쓰는지 알아봐요.

Rule 1 | this와 these는 어떻게 구분해서 쓰나요?

가까이 있는 하나의 대상을 가리킬 때는 this, 여러 대상을 가리킬 때는 these를 써요.

this (이것, 이 사람)	**these** (이것들, 이 사람들)
This is a ball. 이것은 공이다.	**These** are trees. 이것들은 나무들이다.
This is my sister. 이 아이는 내 여동생이다.	**These** are my parents. 이분들은 나의 부모님이다.

✏️ ① (This / These) is a ruler.   ② (This / These) are shops.   ③ (This / These) are my friends.

Rule 2 | this와 these는 어떤 be동사와 함께 쓰나요?

하나의 대상을 가리키는 this는 is와 여러 대상을 가리키는 these는 are와 함께 써요.

This is + a/an 단수 명사	**These are** + 복수 명사
This is a box. 이것은 상자이다.	**These are** rulers. 이것들은 자들이다.
This is an elephant. 이것은 코끼리이다.	**These are** my aunts. 이분들은 나의 이모들이다.

TIPS
❶ 부정문은 is/are 뒤에 not을 써요.
   This isn't a box.   **These aren't** rulers.
❷ 의문문은 Is/Are를 this/these 앞에 쓰고 끝에 물음표(?)를 붙여요.
   Is this your ball? Yes, it is.   **Are these** your socks? No, they aren't.

✏️ ① This (is / are) a bag.   ② These (is / are) your boots.   ③ (This is / There are) my dress.

🌽 사진을 보고 알맞은 주어와 be동사에 동그라미 하세요.

1

| This is |
| These are | my eyes.

2

| This is |
| These are | my ears.

3

| This is |
| These are | my head.

4

| This is |
| These are | a bag.

5

| This is |
| These are | a cup.

6

| This is |
| These are | cats.

7

| This is |
| These are | her name.

8

| This is |
| These are | your shoes.

9

| This is |
| These are | his glasses.

Self-Check
- this는 (가까이 / 멀리) 있는 (단수 / 복수) 명사를 가리키고, (is / are)와 함께 써요.
- these는 (가까이 / 멀리) 있는 (단수 / 복수) 명사를 가리키고, (is / are)와 함께 써요.

🥢 사진을 보고 알맞은 주어와 be동사를 골라 문장을 완성하세요.

1

This ☐	is ☐	bananas.
These ☐	are ☐	

2

This ☐	is ☐	a tent.
These ☐	are ☐	

3

This ☐	is ☐	my kites.
These ☐	are ☐	

4

This ☐	is ☐	your belt.
These ☐	are ☐	

5

This ☐	is ☐	your laptop.
These ☐	are ☐	

6

This ☐	is ☐	my clothes.
These ☐	are ☐	

7

This ☐	is ☐	my cousins.
These ☐	are ☐	

8

This ☐	is ☐	an owl.
These ☐	are ☐	

13 that or those

🧄 Discover Grammar

🌶 다음 문장을 듣고 들은 문장에 ☑ 표시를 하세요.

1 저것은 소이다.

- ☐ This is a cow.
- ☐ That is a cow.

_____

2 저깃들은 내 장화이다.

- ☐ These are my boots.
- ☐ Those are my boots.

_____

3 저것은 지우개이다.

- ☐ That is an eraser.
- ☐ Those are an eraser.

_____

4 저 아이들은 내 친구들이다.

- ☐ Those are my friends.
- ☐ These are my friends.

_____

5 저것은 빵집이다.

- ☐ It is a bakery.
- ☐ That is a bakery.

_____

6 저분들은 너의 부모님이다.

- ☐ They are your parents.
- ☐ Those are your parents.

_____

🐌 다시 들으면서 발음과 억양에 주의해서 따라 읽고, 문장을 써 보세요.

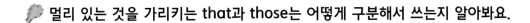

Learn Grammar

🍃 멀리 있는 것을 가리키는 that과 those는 어떻게 구분해서 쓰는지 알아봐요.

Rule 1 | **that과 those는 어떻게 구분해서 쓰나요?**

멀리 있는 하나의 대상을 가리킬 때는 that, 여러 대상을 가리킬 때는 those를 써요.

that (저것, 저 사람)	those (저것들, 저 사람들)
That is an orange. 저것은 오렌지이다.	**Those** are bees. 저것들은 벌들이다.
That is my mother. 저분은 내 어머니이다.	**Those** are watches. 저것들은 시계들이다.

✏️ ① (That / Those) is my school.　　② (That / Those) are my parents.

Rule 2 | **that과 those는 어떤 be동사와 함께 쓰나요?**

하나의 대상을 가리키는 that은 is와 여러 대상을 가리키는 those는 are와 함께 써요.

That is + a/an 단수 명사	Those are + 복수 명사
That is a library. 저것은 도서관이다.	**Those are** my shoes. 저것들은 내 신발이다.
That is my father. 저분은 내 아버지이다.	**Those are** my friends. 저 아이들은 내 친구들이다.

TIPS
❶ 부정문은 is/are 뒤에 not을 써요.
　　That isn't a cow.　　　　**Those aren't** my boots.
❷ 의문문은 Is/Are를 that/those 앞에 쓰고 끝에 물음표(?)를 붙여요.
　　Is that a bakery? Yes, it is.　**Are those** your parents? No, they aren't.

✏️ ① That (is / are) my toy.　　② (Those is / Those are) your socks.

사진을 보고 알맞은 주어와 be동사에 동그라미 하세요.

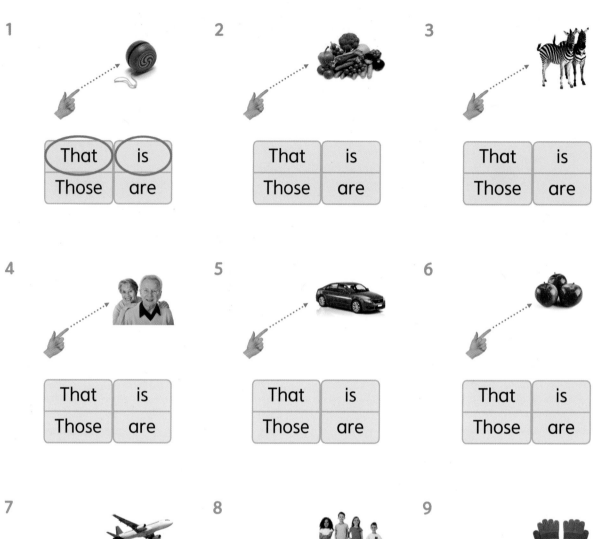

(That)	(is)
Those	are

That	is
Those	are

That	is
Those	are

That	is
Those	are

That	is
Those	are

That	is
Those	are

That	is
Those	are

That	is
Those	are

That	is
Those	are

Self-Check

 that은 (가까이 / 멀리) 있는 (단수 / 복수) 명사를 가리키고, (is / are)와 함께 써요.

 those는 (가까이 / 멀리) 있는 (단수 / 복수) 명사를 가리키고, (is / are)와 함께 써요.

Use Grammar

한 칸씩 이동하며 빈칸에 That 또는 Those를 쓰고, 알맞은 be동사를 골라 문장을 완성하세요.

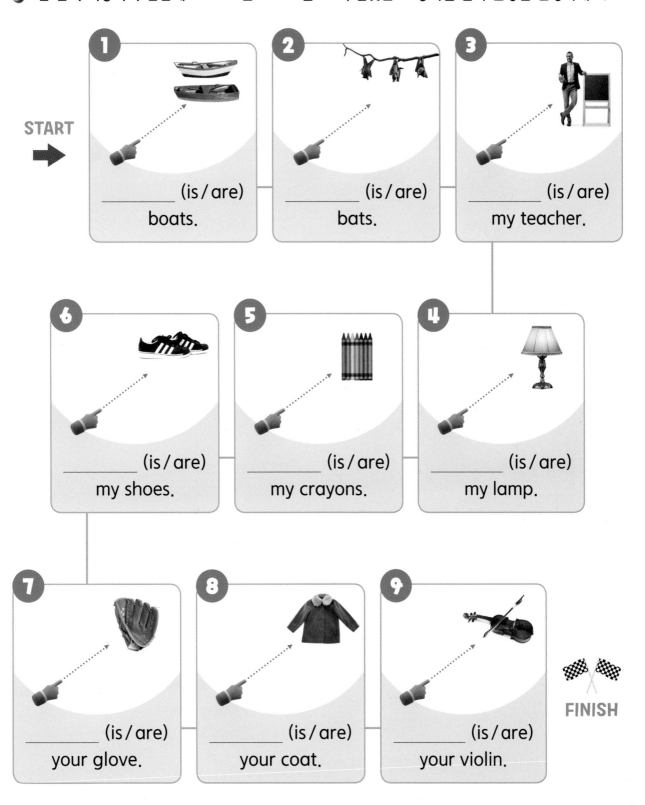

START

1 _____ (is / are) boats.

2 _____ (is / are) bats.

3 _____ (is / are) my teacher.

6 _____ (is / are) my shoes.

5 _____ (is / are) my crayons.

4 _____ (is / are) my lamp.

7 _____ (is / are) your glove.

8 _____ (is / are) your coat.

9 _____ (is / are) your violin.

FINISH

14 my, your or me, you

UNIT

🧄 Discover Grammar

🌶️ 다음 문장을 듣고 들은 문장에 ☑ 표시를 하세요.

1 나의 고양이는 귀엽다.

☐ My cat is cute.
☐ Your cat is cute.

✏️ _____

2 너의 침대는 딱딱하다.

☐ My bed is hard.
☐ Your bed is hard.

✏️ _____

3 나는 너의 드레스를 좋아한다.

☐ I like your dress.
☐ I like my dress.

✏️ _____

4 나는 너를 좋아한다.

☐ I like you.
☐ You like me.

✏️ _____

5 그들은 나를 안다.

☐ They know me.
☐ They know you.

✏️ _____

6 우리는 너희들을 안다.

☐ You know me.
☐ We know you.

✏️ _____

🐾 다시 들으면서 발음과 억양에 주의해서 따라 읽고, 문장을 써 보세요.

Learn Grammar

🍲 I, you가 소유관계를 나타내거나 목적어로 쓰일 때 어떻게 바뀌는지 알아봐요.

Rule 1 | **I, you는 소유관계를 나타낼 때 어떻게 바뀌나요?**

명사 앞에 쓰여 명사가 누구의 것인지 소유관계를 나타낼 때 I는 my, you는 your로 바뀌어요.
'~의'라고 해석해요.

my (나의) + 명사	your (너의, 너희들의) + 명사
my cat 나의 고양이	your bed 너의 침대
my ticket 나의 표	your dress 너의 드레스
my friends 나의 친구들	your eyes 너의 눈들

TIP
your(너의)와 you're(너는 ~이다)는 발음은 같지만 뜻과 쓰임이 달라요.

① I like (you / your) jacket.　　② (Your / You) book is big.
③ They know (I / my) sister.　　④ (I / My) bag is big.

Rule 2 | **I, you가 목적어 자리에 올 때 어떻게 바뀌나요?**

I, you가 동사 뒤에 와서 목적어로 쓰일 때 I는 me로 바뀌고, you는 you 그대로 써요. '~을/를'
로 해석해요.

| 주어 | ➕ | 동사 | ➕ | 목적어 |

I / You　　　　　　　　　　　　me / you

 you는 주어와 목적어로
쓰이는 형태가 같아요.

me (나를)	you (너를, 너희들을)
You like me. 그들은 나를 좋아한다.	I like you. 나는 너를 좋아한다.
They know me. 그들은 나를 안다.	We know you. 우리는 너를 안다.

TIP
목적어는 '~에게'라고도 해석해요.
Thank you. 너에게 고마워.

① We love (your / you).　　② They know (you / I).
③ My parents love (me / my).　　④ I know (your / you) name.

빈칸에 우리말에 알맞은 인칭대명사를 쓰세요.

1 _____ picture is nice.

너의

2 _____ doll is pretty.

나의

3 I know _____ name.

너의

4 I love _____.

너를

5 You know _____.

나를

6 I like _____ school.

나의

괄호 안에서 알맞은 인칭대명사를 고르세요.

1
I like (my / me) brother, Ben.
He likes (my / me), too.

2
You like (your / you) uncles.
They like (your / you), too.

3
(My, Me) dad knows (your / you) face. He likes (your / you).

4
(Your / You) friends know (my / me) name. They like (my / me).

Self-Check
• _____(나의), _____(너의)는 명사 앞에 와서 소유관계를 나타내요.
• I, you가 목적어로 쓰일 때 _____(나를), _____(너를)로 써요.

🥑 우리말에 알맞은 인칭대명사와 주어진 단어로 문장을 완성하세요.

1

| is | bed | soft |

→ | Your | | | . |
　　너의

2

| heavy | is | backpack |

→ | | | | . |
　　나의

3

| style | they | like |

→ | | | | . |
　　　　　　나의

4

| voice | we | love |

→ | | | | . |
　　　　　　너의

5

| know | parents |

→ | | | | . |
　　나의　　　　　　　　　너를

6

| grandparents | know |

→ | | | | . |
　　너의　　　　　　　　　나를

🧅 Discover Grammar

🌶️ 다음 문장을 듣고 들은 문장에 ☑ 표시를 하세요.

1 그의 머리는 짧다.

This is Mike.

☐ Her hair short.
☐ His hair is short.

_____

2 그녀의 눈은 파란색이다.

This is Jenny.

☐ Her eyes are blue.
☐ His eyes are blue.

_____

3 그의 가장 좋아하는 스포츠는 축구이다.

☐ Her favorite sport is soccer.
☐ His favorite sport is soccer.

_____

4 그녀의 가장 좋아하는 색은 파란색이다.

☐ Her favorite color is blue.
☐ His favorite color is blue.

_____

5 우리는 그를 만난다.

☐ We meet him.
☐ We meet her.

_____

6 나는 그녀를 그리워한다.

☐ I miss her.
☐ I miss him.

_____

🐢 다시 들으면서 발음과 억양에 주의해서 따라 읽고, 문장을 써 보세요.

Learn Grammar

🌿 he, she가 소유관계를 나타내거나 목적어로 쓰일 때 어떻게 바뀌는지 알아봐요.

Rule 1   he, she는 소유관계를 나타낼 때 어떻게 바뀌나요?

명사 앞에 쓰여 명사가 누구의 것인지 소유관계를 나타낼 때 he는 his, she는 her로 바뀌어요.
'~의'라고 해석해요.

his (그의) + 명사	her (그녀의) + 명사
his hair 그의 머리	her eyes 그녀의 눈
his pants 그의 바지	her boots 그녀의 장화
his favorite color 그의 가장 좋아하는 색	her favorite subject 그녀의 가장 좋아하는 과목

① This is (he / his) bag.   ② (She / Her) hair is brown.

③ We know (she / her) sister.   ④ (He / His) favorite food is pizza.

Rule 2   he, she가 목적어 자리에 올 때 어떻게 바뀌나요?

he, she가 동사 뒤에 와서 목적어로 쓰일 때 he는 him, she는 her로 바뀌어요. '~을/를'로 해석해요.

주어	+	동사	+	목적어
He / She				him / her

him (그를)	her (그녀를)
We know him. 우리는 그를 안다.	I miss her. 나는 그녀를 그리워한다.
They miss him. 그들은 그를 그리워한다.	You love her. 너는 그녀를 사랑한다.

> **TIP**
> 소유관계를 나타내거나 목적어로 쓰이는 her는 뒤에 명사가 오는지에 따라 구분해요.
> I like **her** boots. 나는 그녀의 장화를 좋아한다. (소유관계)
> We love **her**. 우리는 그녀를 사랑한다. (목적어)

① They know (him / he).   ② My parents miss (her / she).

③ The dogs love (him / his).   ④ I love (his / her).

🍵 Practice Grammar

🌽 그림을 보고 빈칸에 알맞은 인칭대명사를 쓰세요.

1

Jack has short hair.
_____ hair is brown.
He is wearing pants.
_____ pants are red.

2

Jack has a sister.
_____ name is Jean.
She has long hair.
_____ hair is black.

🥕 괄호 안에서 알맞은 인칭대명사를 고르세요.

1

This is Haru.
I know (him / her).

2

This is Ben.
We know (him / her).

3

This is Ben's mom.
We know (him / her).

4

I have an uncle.
I miss (him / her).

5

They have a daughter.
They miss (him / her).

6

We have an aunt.
We miss (him / her).

우리말에 알맞은 인칭대명사와 주어진 단어로 문장을 완성하세요.

1

| is | red | T-shirt |

→

| Her | | | . |
| 그녀의 | | | |

2

| favorite | color | is | green |

→

| | | | | . |
| 그의 | | | | |

3

| miss | voice | I |

→

| | | | . |
| | | 그의 | |

4

| favorite | is | tennis | sport |

→

| | | | | . |
| 그녀의 | | | | |

5

| sons | know |

→

| | | | . |
| 그녀의 | | | 그를 |

6

| daughters | miss |

→

| | | | . |
| 그의 | | | 그녀를 |

its, our, their or it, us, them

🧄 Discover Grammar

🌶️ 다음 문장을 듣고 들은 문장에 ☑ 표시를 하세요.

---

1 그것의 꼬리는 길다.

☐ **Its tail is long.**
☐ **It's a long tail.**

🖉 _____

---

2 나는 그것을 좋아하지 않는다.

☐ **I don't like it.**
☐ **I don't like them.**

🖉 _____

---

3 우리의 책은 크다.

☐ **Our book is big.**
☐ **It's a big book.**

🖉 _____

---

4 그들은 우리를 필요로 한다.

☐ **They need it.**
☐ **They need us.**

🖉 _____

---

5 그것은 그들의 성이다.

☐ **It's our castle.**
☐ **It's their castle.**

🖉 _____

---

6 너는 그들을 도울 수 있다.

☐ **You can help us.**
☐ **You can help them.**

🖉 _____

🐵 다시 들으면서 발음과 억양에 주의해서 따라 읽고, 문장을 써 보세요.

Learn Grammar

🍳 it, we, they가 소유관계를 나타내거나 목적어로 쓰일 때 어떻게 바뀌는지 알아봐요.

| Rule 1 | it, we, they는 소유관계를 나타낼 때 어떻게 바뀌나요? |

명사 앞에 쓰여 명사가 누구의 것인지 소유관계를 나타낼 때 it은 its, we는 our, they는 their 로 바뀌어요. '~의'라고 해석해요.

its (그것의) + 명사	our (우리의) + 명사	their (그[것]들의) + 명사
its tail 그것의 꼬리	our book 우리의 책	their castle 그들의 성
its legs 그것의 다리들	our teachers 우리의 선생님들	their legs 그것들의 다리들

① (Our / We) car is white.　　② (It's / Its) nose is big.
③ These are (we / our) names.　　④ That is (their / they) house.

| Rule 2 | it, we, they가 목적어 자리에 올 때 어떻게 바뀌나요? |

it, we, they가 동사 뒤에 와서 목적어로 쓰일 때 it은 it 그대로, we는 us, they는 them으로 바뀌어요. '~을/를'로 해석해요.

| 주어 | ＋ | 동사 | ＋ | 목적어 |

It / We / They　　　　　　　　　　　　　　it / us / them

it (그것을)	I don't like it. 나는 그것을 좋아하지 않는다.
	We need it. 우리는 그것을 필요로 한다.
us (우리를)	They need us. 그들은 우리를 필요로 한다.
	You can help us. 너희들은 우리를 도울 수 있다.
them (그[것]들을)	You can help them. 너는 그들을 도울 수 있다.
	We don't like them. 우리는 그것들을 좋아하지 않는다.

① You need (it / its).　　② We can help (them / their).　　③ They don't like (we / us).

Practice Grammar

빈칸에 우리말에 알맞은 인칭대명사를 쓰세요.

1 _____ desks are new.

우리의

2 _____ arms are long.

그것의

3 It's _____ car.

그들의

4 I like _____.

그것들을

5 You can help _____.

그들을

6 They need _____.

우리를

괄호 안에서 밑줄 친 부분을 대신하는 인칭대명사를 고르세요.

1
You need the spoon.
You need (it / them).

2
They like the students.
They like (it / them).

3
I like that garden.
I like (it / us).

4
You don't like bananas.
You don't like (us / them).

5
I don't like this pen.
I don't like (it / us).

6
We don't need the truck.
We don't need (it / them).

Self-Check
• _____(그것의), _____(우리의), _____(그들의)는 명사 앞에 와서 소유관계를 나타내요.
• it, we, they가 목적어로 쓰일 때 _____(그것을), _____(우리를), _____(그들을)으로 써요.

74

🥄 다음 두 문장이 자연스럽게 연결되도록 알맞은 말을 골라 문장을 완성하세요.

1

I like eagles.

Its wings ☐		
Our wings ☐	are	big.
Their wings ☐		

2

I like the dog.

Its legs ☐		
Our legs ☐	are	long.
Their legs ☐		

3

We don't like jets.

Its sound ☐		
Our sound ☐	is	loud.
Their sound ☐		

4

I like this chameleon.

Its color ☐		
Our color ☐	is	beautiful.
Their color ☐		

5

We need doctors.

		it. ☐
They	can help	us. ☐
		them. ☐

6

The birds need you.

		it. ☐
You	can help	us. ☐
		them. ☐

Everyday Grammar 02

가까이 또는 멀리 있는 대상을 가리키는 **this** 또는 **that**을 활용한 표현을 배워볼까요?

A 빈칸에 **this**를 써 표현을 완성하세요.

자, 이제 시작이야!	이건 어때요?
Well, _____ is it!	How's _____?
잭, 이쪽은 케이트야.	이것을 영어로 어떻게 말해요?
Jack, _____ is Kate.	How do you say _____ in English?

B 빈칸에 **that**을 써 표현을 완성하세요.

바로 그거야!	좋아요[괜찮아요].
_____'s it!	_____'s okay. = _____'s fine.
별로 좋지 않네요.	미안. 그건 옳지 않아.
_____'s not very good.	Sorry. _____'s not right.

인칭대명사의 다양한 형태를 활용한 생활 회화 표현을 배워볼까요?

C 빈칸에 인칭대명사의 알맞은 형태를 쓰세요.

~은/는/이/가	~의	~을/를/~에게
I	_____	me
you	_____	you
he	his	_____
she	_____	her
it	its	_____
we	our	_____
they	_____	them

D 빈칸에 알맞은 인칭대명사를 써 표현을 완성하세요.

I → [ ] 나를/나에게

(저를) 도와주세요! • Help _____!

실례합니다. • Excuse _____.

(나를) 불러주세요.
(나에게) 전화해 주세요. • Call _____.

(저를) 용서해 주세요! • Forgive _____!

you ↗ [ ] 너에게
        ↘ [ ] 너의

(너에게) 고마워요. • Thank _____.

(당신의) 책을 펴세요. • Open _____ book.

UNIT 17 is or eat

🧄 Discover Grammar

🌶️ 다음 문장을 듣고 들은 문장에 ☑ 표시를 하세요.

---

1 나는 아침을 먹는다.

- ☐ I eat breakfast.
- ☐ I am eat breakfast.

✏️ _____

---

2 우리는 축구를 한다.

- ☐ We play soccer.
- ☐ We are play soccer.

✏️ _____

---

3 그들은 노래를 잘한다.

- ☐ They sing well.
- ☐ They sings well.

✏️ _____

---

4 그것은 수영을 잘한다.

- ☐ It swim well.
- ☐ It swims well.

✏️ _____

---

5 그녀는 쿠키를 굽는다.

- ☐ She is bake cookies.
- ☐ She bakes cookies.

✏️ _____

---

6 그는 저녁을 요리한다.

- ☐ He cook dinner.
- ☐ He cooks dinner.

✏️ _____

🐢 다시 들으면서 발음과 억양에 주의해서 따라 읽고, 문장을 써 보세요.

Learn Grammar

🌿 일반동사와 be동사는 어떻게 다르고 일반동사 현재형은 무엇인지 알아봐요.

Rule 1 일반동사는 be동사와 어떻게 다른가요?

일반동사는 주어의 동작이나 상태를 나타내는 말로 be동사를 제외한 동사를 말해요.

be동사	일반동사
~이다, (~에) 있다	~하다
am, are, is	eat 먹다 swim 수영하다 like 좋아하다
I **am** ready. 나는 준비가 되었다.	I **swim** well. 나는 수영을 잘한다.

> **TIP**
> 한 문장에서 be동사와 일반동사를 함께 쓸 수 없어요.
> I am eat breakfast. (x) → I eat breakfast. (o)

① I (am / have) happy.   ② You (are / read) books.

③ We (swim / are swim) well.   ④ They (are stop / stop).

Rule 2 일반동사 현재형은 무엇인가요?

일반동사 현재형은 주어의 현재 동작이나 상태를 나타내는 것으로 주어에 따라 동사 모양 그대로 쓰거나 동사원형 뒤에 -s를 붙여요.

주어		일반동사 현재형
I / You / We / They 복수 명사	동사원형	I **drink** milk. 나는 우유를 마신다. We **learn** English. 우리는 영어를 배운다.
He / She / It 단수 명사	동사원형 + **-s**	She **drinks** coffee. 그녀는 커피를 마신다. He **learns** math. 그는 수학을 배운다.

> **TIP**
> 동사원형이란 동사에 -s나 -es가 붙지 않은 원래 모양을 말해요.

① I talk → She _____   ② They stop → It _____

③ You listen → It _____   ④ We read → He _____

🍚 Practice Grammar

🥢 사진을 보고 알맞은 동사를 골라 주어에 맞는 현재형으로 바꿔 쓰세요.

hit   ~~talk~~   drink   sleep   buy   walk   clean   write

1   I __talk__ → He ___ _____

2   I _____ → She _____

3   You _____ → She _____

4   You _____ → He _____

5   We _____ → He _____

6   We _____ → She _____

7   They _____ → She _____

8   They _____ → He _____

> **Self-Check**
> - _____동사는 주어의 _____이나 상태를 나타내는 말로 be동사를 제외한 동사예요.
> - 일반동사 현재형은 주어가 He, She, It일 때 동사 뒤에 -_____를 붙여요.

🥄 한 칸씩 이동하며 빈칸에 주어진 동사를 현재형으로 바꿔 문장을 완성하세요.

1 swim

START ➡️

Ben __swims__ well.

2 read

My brother _____ books.

3 stop

The bus _____ here.

6 work

My father _____ hard.

5 drink

The dogs _____ water.

4 sleep

The baby _____ in his room.

7 learn

He _____ English.

8 listen

James _____ to music.

9 bake

The man _____ bread.

FINISH

Discover Grammar

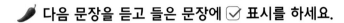

🌶 다음 문장을 듣고 들은 문장에 ☑ 표시를 하세요.

저자 직강

---

1 그녀는 일찍 잔다.

- ☐ She go to bed early.
- ☐ She goes to bed early.

✏ _____

---

2 그는 숙제를 한다.

- ☐ He do his homework.
- ☐ He does his homework.

✏ _____

---

3 엄마는 TV를 본다.

- ☐ My mom is watch TV.
- ☐ My mom watches TV.

✏ _____

---

4 아빠는 수학을 가르친다.

- ☐ My dad teach math.
- ☐ My dad teaches math.

✏ _____

---

5 벤은 세수한다.

- ☐ Ben wash his face.
- ☐ Ben washes his face.

✏ _____

---

6 베티는 가족을 그리워한다.

- ☐ Betty miss her family.
- ☐ Betty misses her family.

✏ _____

🐢 다시 들으면서 발음과 억양에 주의해서 따라 읽고, 문장을 써 보세요.

Learn Grammar

🌿 일반동사 3인칭 단수형은 무엇이고 어떻게 만드는지 알아봐요.

Rule 1 | 일반동사 3인칭 단수형이란 무엇인가요?

일반동사 3인칭 단수형이란 주어가 He, She, It 또는 단수 명사와 같은 3인칭 단수일 때 동사원형 뒤에 -s나 -es를 붙인 것을 말해요.

주어
He / She / It
단수 명사

동사원형 **+ -(e)s** →

3인칭 단수형 동사
eats
runs
plays
washes

TIP
3인칭 단수란 나와 너를 제외한 다른 사람 한 명이나 사물 한 개를 말해요.

<u>Minho</u> <u>plays</u> baseball. 민호는 야구를 한다.
<u>She</u> <u>washes</u> her hands. 그녀는 손을 씻는다.

✎ ① I read → She _____   ② We make → He _____   ③ You swim → It _____

Rule 2 | 일반동사 3인칭 단수형은 어떻게 만드나요?

일반동사 3인칭 단수형은 대부분의 동사 뒤에 -s를 붙이는데, -s, -sh, -ch, -o, -x로 끝나는 동사는 -es를 붙여요.

대부분의 동사	+ -s	hit 치다 → hits bake 굽다 → bakes	take 가지고 가다 → takes cook 요리하다 → cooks
-s, -sh, -ch, -o, -x로 끝나는 동사	+ -es	kiss 키스하다 → kis<u>s</u>es wish 바라다 → wish<u>e</u>s do 하다 → do<u>e</u>s	cross 건너다 → cros<u>s</u>es catch 잡다 → catch<u>e</u>s fix 수리하다 → fi<u>x</u>es

 TIP
have(가지다, 먹다)는 주어가 3인칭 단수일 때 has로 써요.
I have a book.   He **has** a book.

✎ ① I teach → She _____   ② You push → It _____   ③ They have → He _____

🌽 사진을 보고 알맞은 동사를 골라 3인칭 단수형으로 바꿔 쓰세요.

> miss   cross   kiss

1

→ He _____

2

→ She _____

3

→ It _____

> push   wash   wish

4

→ The girl _____

5

→ Ms. Kim _____

6

→ The man _____

> teach   catch   watch

7

→ My uncle _____

8

→ My aunt _____

9

→ The frog _____

Use Grammar

한 칸씩 이동하며 빈칸에 주어진 동사를 3인칭 단수형으로 바꿔 문장을 완성하세요.

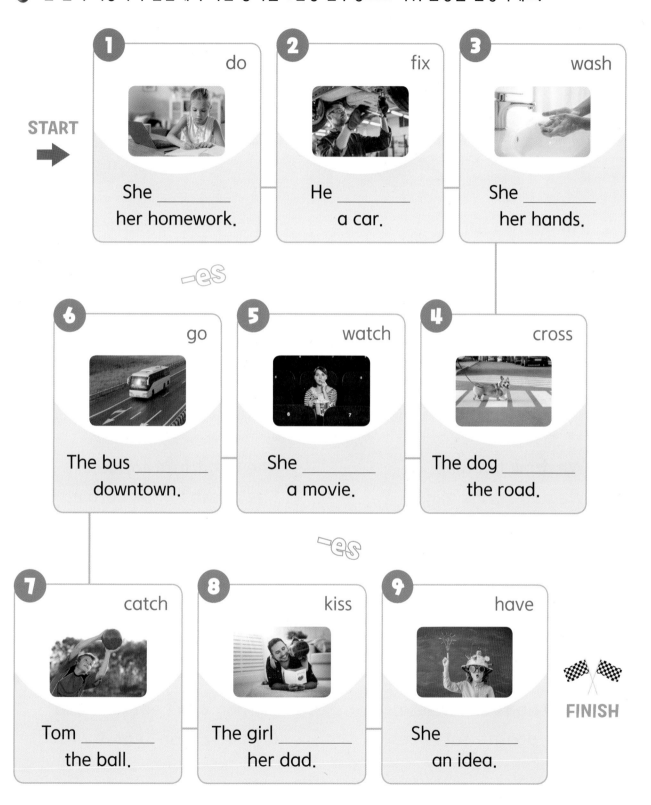

START →

1 do
She _____ her homework.

2 fix
He _____ a car.

3 wash
She _____ her hands.

-es

6 go
The bus _____ downtown.

5 watch
She _____ a movie.

4 cross
The dog _____ the road.

-es

7 catch
Tom _____ the ball.

8 kiss
The girl _____ her dad.

9 have
She _____ an idea.

FINISH

19 don't or doesn't

UNIT

Discover Grammar

🌶️ 다음 문장을 듣고 들은 문장에 ☑ 표시를 하세요.

1 나는 생선을 좋아하지 않는다.  👎

- ☐ I'm not like fish.
- ☐ I don't like fish.

✏️ _____

2 그는 채소를 안 좋아한다. 👎

- ☐ He isn't like vegetables.
- ☐ He doesn't like vegetables.

✏️ _____

3 우리는 우유를 마시지 않는다. ✖

- ☐ We drink not milk.
- ☐ We don't drink milk.

✏️ _____

4 그녀는 커피를 안 마신다.  ✖

- ☐ She not drinks coffee.
- ☐ She doesn't drink coffee.

✏️ _____

5 그들은 치즈를 먹지 않는다.  ✖

- ☐ They don't eat cheese.
- ☐ They doesn't eat cheese.

✏️ _____

6 나의 개는 사료를 안 먹는다.  ✖

- ☐ My dog don't eat dry food.
- ☐ My dog doesn't eat dry food.

✏️ _____

🐷 다시 들으면서 발음과 억양에 주의해서 따라 읽고, 문장을 써 보세요.

🌿 '~하지 않다'는 뜻의 일반동사 부정문을 만드는 방법을 알아봐요.

Rule 1   일반동사 부정문은 어떻게 만드나요?

주어가 I, You, We, They 또는 복수 명사일 때 동사원형 앞에 do not을 써요. do not은 don't 로 줄여서 쓸 수 있어요.

I / You / We / They 복수 명사	+	do not (= don't)	+	eat like drink watch

I like pizza.

→ I **do not** like pizza. 나는 피자를 좋아하지 않는다.

I drink milk.

→ I **don't** drink milk. 나는 우유를 안 마신다.

① We play ↔ We _____   ② They drink ↔ They _____

③ You like ↔ You _____   ④ I eat ↔ I _____

Rule 2   주어가 3인칭 단수일 때 부정문은 어떻게 만드나요?

주어가 He, She, It 또는 단수 명사일 때 동사원형 앞에 does not을 써요. does not은 doesn't 로 줄여서 쓸 수 있어요.

He / She / It 단수 명사	+	does not (= doesn't)	+	go have do wash

He goes to school.

→ He **does not** go to school. 그는 학교에 가지 않는다.

She does her homework.

→ She **doesn't** do her homework. 그녀는 숙제를 하지 않는다.

① He washes ↔ He _____   ② It goes ↔ It _____

③ She has ↔ She _____   ④ Ted does ↔ Ted _____

🥄 Practice Grammar

각 문장의 동사에 동그라미 한 다음, 부정문으로 바꿔 쓰세요.

1

I (teach) English.

→ I __do__ __not__ _____ English.

→ I __don't__ _____ English.

2

They like him.

→ They _____ _____ _____ him.

→ They _____ _____ him.

3

She eats meat.

→ She _____ _____ _____ meat.

→ She _____ _____ meat.

4

He comes home.

→ He _____ _____ _____ home.

→ He _____ _____ home.

5

We have time.

→ We _____ _____ _____ time.

→ We _____ _____ time.

6

I wash my hands.

→ I _____ _____ _____ my hands.

→ I _____ _____ my hands.

7

He does his best.

→ He _____ _____ _____ his best.

→ He _____ _____ his best.

8

It drinks water.

→ It _____ _____ _____ water.

→ It _____ _____ water.

Self-Check

• 일반동사 부정문은 동사원형 앞에 do/_____ not을 써요.

• do not은 _____, does not은 _____로 줄여서 쓸 수 있어요.

🥢 주어진 동사를 이용하여 사진을 설명하세요.

1

We __eat__ cheese.
We __don't__ __drink__ milk.

eat / drink

2

He _____ milk.
He _____ _____ cheese.

3

I _____ early.
I _____ _____ late.

get up / work

4

She _____ late.
She _____ _____ early.

5

I _____ the dog.
I _____ _____ the cats.

walk / feed

6

She _____ the cats.
She _____ _____ the dog.

7

You _____ dinner.
You _____ _____ the dishes.

cook / wash

8

He _____ the dishes.
He _____ _____ dinner.

🧄 Discover Grammar

🌶️ 다음 문장을 듣고 들은 문장에 ☑ 표시를 하세요.

---

1 너는 요리하는 것을 좋아하니?

- ☐ **Do you like cooking?**
- ☐ **Are you like cooking?**

✏️ _____

---

2 그녀는 그림 그리기를 좋아하니?

- ☐ **Is she likes drawing?**
- ☐ **Does she like drawing?**

✏️ _____

---

3 너는 수영하러 가니?

- ☐ **Do you go swimming?**
- ☐ **Does you go swimming?**

✏️ _____

---

4 그는 조깅하러 가니?

- ☐ **Do he go jogging?**
- ☐ **Does he go jogging?**

✏️ _____

---

5 그들은 야구를 하니?

- ☐ **Do they play baseball?**
- ☐ **Does they play baseball?**

✏️ _____

---

6 그녀는 기타를 치니?

- ☐ **Does she play the guitar?**
- ☐ **Does she plays the guitar?**

✏️ _____

🐚 다시 들으면서 발음과 억양에 주의해서 따라 읽고, 문장을 써 보세요.

Learn Grammar

🥬 '~하니?'라고 물어보는 일반동사 의문문을 만드는 방법과 대답하는 법을 알아봐요.

Rule 1 　일반동사 의문문은 어떻게 만드나요?

일반동사 의문문은 주어 앞에 Do나 Does를 쓰고 주어 뒤에 동사원형을 써요.

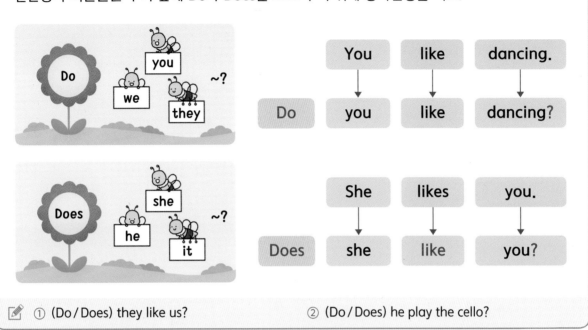

You	like	dancing.
Do you	like	dancing?

She	likes	you.
Does she	like	you?

✏️ ① (Do / Does) they like us?　　　② (Do / Does) he play the cello?

Rule 2 　일반동사 의문문에 대한 대답은 어떻게 하나요?

Do나 Does로 묻는 질문은 Yes(응)나 No(아니)로 대답해요.

~하니?	◉ 응, 그래.	✖ 아니, 그렇지 않아.
Do I ~?	Yes, you do.	No, you don't.
Do you(너/너희들) **~?**	Yes, I/we do.	No, I/we don't.
Do we ~?	Yes, you/we do.	No, you/we don't.
Do they ~?	Yes, they do.	No, they don't.
Does he ~?	Yes, he does.	No, he doesn't.
Does she ~?	Yes, she does.	No, she doesn't.
Does it ~?	Yes, it does.	No, it doesn't.

> **TIP**
> No로 대답할 때는 줄임말 don't나 doesn't를 써요.

✏️ ① Do they ~? → No, they _____.　　② Does she ~? → Yes, she _____.
　③ Does it ~? → No, it _____.　　④ Do I ~? → Yes, you _____.

Practice Grammar

주어진 문장을 의문문으로 바꿔 쓰세요.

1
| You | go | jogging. |
| Do | you | | ? |

2
| They | go | swimming. |
| | | | |

3
| We | play | soccer. |
| | | | |

4
| He | plays | the violin. |
| | | | |

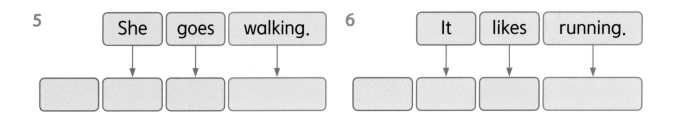

5
| She | goes | walking. |
| | | | |

6
| It | likes | running. |
| | | | |

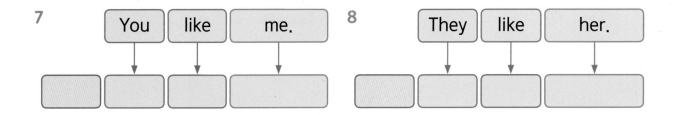

7
| You | like | me. |
| | | | |

8
| They | like | her. |
| | | | |

Self-Check
- 일반동사 의문문은 주어 (앞 / 뒤)에 _____나 _____를 써요.
- 일반동사 의문문에 대한 대답은 _____나 _____로 해요.

Use Grammar

괄호 안에서 알맞은 것을 고른 다음, 대답을 완성하세요.

1

(Do / Does) she go shopping?

⊙ Yes, she _____.

2

(Do / Does) you like reading?

⊗ No, I _____.

3

(Do / Does) they go camping?

⊙ Yes, they _____.

4

(Do / Does) they play soccer?

⊗ No, they _____.

5

(Do / Does) he like dancing?

⊙ Yes, he _____.

6

(Do / Does) she play the cello?

⊗ No, she _____.

7

(Do / Does) she go walking?

⊗ No, she _____.

8

(Do / Does) the dog like him?

⊙ Yes, it _____.

21 UNIT can

🌶️ 다음 문장을 듣고 들은 문장에 ☑ 표시를 하세요.

1 나는 기타를 칠 수 있다.

- ☐ I play the guitar.
- ☐ I can play the guitar.

✏️ _____

2 너는 그림을 그릴 수 있다.

- ☐ You draw can pictures.
- ☐ You can draw pictures.

✏️ _____

3 그들은 줄넘기를 할 수 있다.

- ☐ They jump rope.
- ☐ They can jump rope.

✏️ _____

4 그는 차를 운전할 수 있다.

- ☐ He drives a car.
- ☐ He can drive a car.

✏️ _____

5 원숭이는 나무에 오를 수 있다.

- ☐ A monkey cans climb trees.
- ☐ A monkey can climb trees.

✏️ _____

6 캥거루는 점프할 수 있다.

- ☐ A kangaroo can jump.
- ☐ A kangaroo can jumps.

✏️ _____

🐌 다시 들으면서 발음과 억양에 주의해서 따라 읽고, 문장을 써 보세요.

Learn Grammar

🌱 '~할 수 있다'라는 뜻을 가진 조동사 can에 대해 알아봐요.

Rule 1 조동사란 무엇인가요?

조동사는 동사 앞에 와서 동사에 의미를 더해주는 말로 주어에 상관없이 같은 형태를 쓰고 뒤에 동사원형을 써요.

주어	동사
I / We / You / They 복수 명사	swim.
She / He / It 단수 명사	swims.

➡

주어	조동사	동사원형
I / We / You / They 복수 명사	can will must	swim.
She / He / It 단수 명사		

① It swims (+ can) → It _____ _____   ② He washes (+ can) → He _____ _____

③ He sings (+ can) → He _____ _____   ④ She goes (+ can) → She _____ _____

Rule 2 조동사 can은 어떤 의미인가요?

can은 '~할 수 있다'라는 의미를 가진 조동사로 능력이나 가능을 나타내요.

주어	➕	can ~할 수 있다	➕	fly draw help sing drive stay

I **draw** a picture. 나는 그림을 그린다.

➕ 능력

I **can draw** a picture. 나는 그림을 그릴 수 있다.

He **helps** me. 그는 나를 도와준다.

➕ 가능

He **can help** me. 그는 나를 도와줄 수 있다.

TIPS
❶ can은 주어에 상관없이 항상 같은 모양이에요.
She cans dance. (x) → She can dance. (o)
❷ can 뒤에는 동사원형을 써요.
It can flies. (x) → It can fly. (o)

① 나는 노래를 부를 수 있다. → I _____ _____.   ② 우리는 머물 수 있다. → We _____ _____.

③ 그것은 날 수 있다. → It _____ _____.   ④ 그녀는 운전할 수 있다. → She _____ _____.

can을 사용하여 사진 속의 동물이 할 수 있는 것을 쓰세요. (중복 사용 가능)

jump   run   swim   climb   eat

1

A frog ___can___ ___jump___ .

2

A monkey _____ _____ fruit.

3

A penguin _____ _____ .

4

A tiger _____ _____ trees.

5

A kangaroo _____ _____ .

6

A lion _____ _____ fast.

7

A dolphin _____ _____ .

8

A rabbit _____ _____ plants.

Self-Check
• 조동사는 주어에 상관없이 같은 형태를 쓰고 (앞 / 뒤)에 동사원형을 써요.
• 조동사 can은 '~_____'라는 의미로 능력이나 가능을 나타내요.

🍜 Use Grammar

🥢 괄호 안에서 알맞은 것을 고른 다음, 문장을 완성하세요.

1

(bake / bakes)

cake   can

a   he

→ _____ .

2

piano   the

can   I

(play / plays)

→ _____ .

3

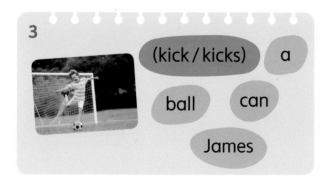

(kick / kicks)   a

ball   can

James

→ _____ .

4

can   horse

you

(ride / rides)   a

→ _____ .

5

(climb / climbs)

my   can

uncle   rocks

→ _____ .

6

we   can

questions

(ask / asks)

→ _____ .

🧄 Discover Grammar

🌶️ 다음 문장을 듣고 들은 문장에 ☑ 표시를 하세요.

1 그는 스키를 탈 수 없다.

☐ He cannot ski.
☐ He can ski not.

✏️ _____

2 나는 스케이트보드를 탈 수 없다.

☐ I don't skateboard.
☐ I can't skateboard.

✏️ _____

3 우리는 연을 날릴 수 없다.

☐ We can't fly a kite.
☐ We don't fly a kite.

✏️ _____

4 너는 컴퓨터를 사용할 수 있니?

☐ Do you use a computer?
☐ Can you use a computer?

✏️ _____

5 그는 공을 칠 수 있니?

☐ Does he can hit a ball?
☐ Can he hit a ball?

✏️ _____

6 그들은 체스를 할 수 있니?

☐ Can they play chess?
☐ Are they can play chess?

✏️ _____

🐞 다시 들으면서 발음과 억양에 주의해서 따라 읽고, 문장을 써 보세요.

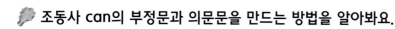 **Learn Grammar**

🌿 조동사 can의 부정문과 의문문을 만드는 방법을 알아봐요.

Rule 1 조동사 can의 부정문은 어떻게 만드나요?

'~할 수 없다'라고 부정할 때 can 뒤에 not을 붙여 cannot이라고 써요. cannot은 can't로 줄일 수 있어요.

I ski. 나는 스키를 탄다.

➕ 능력

I **can** ski. 나는 스키를 탈 수 있다.

⬇ 부정

I **cannot** ski. 나는 스키를 탈 수 없다.
 (= can't)

He comes at six. 그는 6시에 온다.

➕ 가능

He **can come** at six. 그는 6시에 올 수 있다.

⬇ 부정

He **cannot come** at six. 그는 6시에 올 수 없다.
 (= can't)

> **TIP**
> 주어에 상관없이 can, can't 뒤에는 동사원형을 써요.

📝 ① 볼 수 없다 → cannot[_____] see   ② 헤엄칠 수 없다 → _____[can't] swim

---

Rule 2 조동사 can의 의문문은 어떻게 만드나요?

'~할 수 있니?'라고 물을 때 Can을 주어 앞에 써요. 대답은 Yes(응)나 No(아니)로 해요.

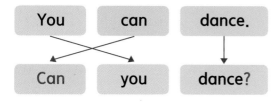

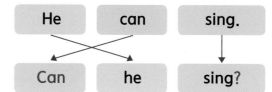

Yes, I can.

No, I can't.

Yes, he can.

No, he can't.

📝 ① (Can he / He cans) change?   ② Can she (wait / waits)?
③ Can he (carry / carries) the box?   ④ (Can you / You can) speak?

🌽 주어진 동사와 can 또는 can't를 함께 써 문장을 완성하세요.

1 **climb / swim**

Monkeys _can_ _____ trees.
But they _can't_ _____ .

2 **swim / fly**

Fish _____ _____ .
But they _____ _____ __ .

3 **eat / climb**

Elephants _____ _____ plants.
But they _____ _____ trees.

4 **speak / write**

Parrots _____ _____ .
But they _____ _____ .

🌽 주어진 문장을 의문문으로 바꿔 쓰세요.

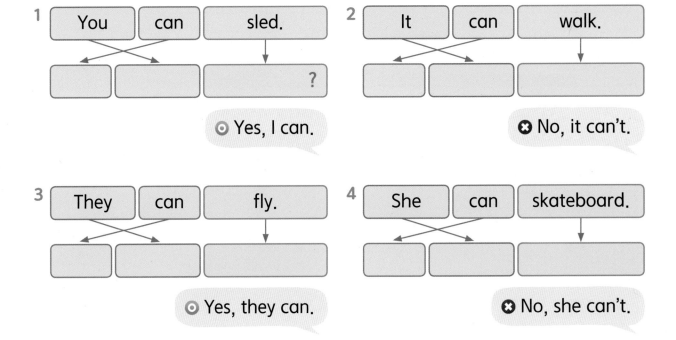

1 | You | can | sled. |

[ ] [ ] [?]

⊙ Yes, I can.

2 | It | can | walk. |

[ ] [ ] [ ]

✖ No, it can't.

3 | They | can | fly. |

[ ] [ ] [ ]

⊙ Yes, they can.

4 | She | can | skateboard. |

[ ] [ ] [ ]

✖ No, she can't.

Use Grammar

우리말에 알맞은 조동사와 주어진 단어로 단어로 문장을 완성하세요.

1

dive	the	boy

→

		can't	

할 수 없다

2

his	swim	brother

→

할 수 없다

3

draw	they	pictures

→

할 수 없다

4

speak	you	French

→

			?

할 수 있니?

5

friends	ski	your

→

			?

할 수 있니?

6

cook	sister	her

→

			?

할 수 있니?

23 at, on, in (time)

UNIT

Discover Grammar

🌶 다음 문장을 듣고 들은 문장에 ☑ 표시를 하세요.

저자 직강

---

1 7시에 만나.

☐ See you at seven.
☐ See you seven at.

_____

2 금요일에 만나.

☐ See you on Friday.
☐ See you in Friday.

_____

3 밤에 이야기하자.

☐ Let's talk at night.
☐ Let's talk on night.

_____

4 오후에 이야기하자.

☐ Let's talk at afternoon.
☐ Let's talk in the afternoon.

_____

5 그것은 여름에 시작한다.

☐ It starts at summer.
☐ It starts in summer.

_____

6 그것은 5월 5일에 시작한다.

☐ It starts on May 5.
☐ It starts in May 5.

_____

🐚 다시 들으면서 발음과 억양에 주의해서 따라 읽고, 문장을 써 보세요.

 **Learn Grammar**

🦫 시간을 나타낼 때 쓰는 전치사 at, on, in은 어떻게 구분해서 쓰는지 알아봐요.

Rule 1 전치사 at은 언제 쓰나요?

at은 구체적인 시각이나 하루의 때(정오, 밤, 자정)를 나타내는 명사 앞에 써요.

at (~에)	구체적인 시각	at 3 o'clock 3시에	at eight 8시에
	하루의 때	at noon 정오에	at night 밤에

> **TIP**
> 전치사는 명사 앞에 와서 시간이나 장소, 위치를 나타낼 때 쓰는 말이에요.

✏️ ① 10시에 → _____ ten   ② 밤에 → _____ night   ③ 정오에 → _____ noon

---

Rule 2 전치사 on은 언제 쓰나요?

on은 요일이나 날짜를 나타내는 명사 앞에 써요.

on (~에)	요일	on Friday 금요일에	on Sunday 일요일에
	날짜	on June 1 6월 1일에	on May 5 5월 5일에

> **TIP**
> 요일의 첫 글자는 항상 대문자로 써요.

✏️ ① 월요일에 → _____ Monday   ② 4월 15일에 → _____ April 15

Rule 3 전치사 in은 언제 쓰나요?

in은 월, 계절, 연도 또는 하루의 때(아침, 오후, 저녁)를 나타내는 명사 앞에 써요.

in (~에)	월	in June 6월에	in October 8월에
	계절	in summer 여름에	in fall 가을에
	연도	in 1999 1999년에	in 2025 2025년에
	하루의 때	in the morning 아침에	in the evening 저녁에

> **TIP**
> 아침, 오후, 저녁 앞에 쓰는 in은 the와 함께 써요.

✏️ ① 겨울에 → _____ winter   ② 오후에 → _____ the afternoon

🥄 Practice Grammar

🌽 빈칸에 in, on, at 중 공통으로 들어갈 전치사를 쓰세요.

1

_____ November
_____ the evening

2

_____ 2 o'clock
_____ night

3

_____ Sunday
_____ May 1

4

_____ noon
_____ 6:30 a.m.

5

_____ spring
_____ 2014

6

_____ April 10
_____ Saturday

🌽 빈칸에 알맞은 전치사를 써 문장을 완성하세요.

1

Jack was born _____ 2020.
His birthday is _____ May 20.

2

It's hot _____ the afternoon.
The show starts _____ 8:00 p.m.

3

I like swimming _____ summer.
I go swimming _____ Sundays.

4

Ann stays home _____ Mondays.
She gets up _____ noon.

Self-Check

- 전치사 _____은 구체적인 시각을 나타내는 명사 (앞 / 뒤)에 써요.
- 전치사 _____은 요일이나 날짜를 나타내는 명사 (앞 / 뒤)에 써요.
- 전치사 _____은 월, 계절, 연도를 나타내는 명사 (앞 / 뒤)에 써요.

🥄 괄호 안에서 알맞은 전치사를 고른 다음, 문장을 완성하세요.

1

(at / on / in)   starts   it   winter

→ _____ .

2

July   let's   meet   (at / on / in)

→ _____ .

3

(at / on / in)   meet   we   Mondays

→ _____ .

4

they   have   dinner   six   (at / on / in)

→ _____ .

5

(at / on / in)   the   talk   morning   let's

→ _____ .

6

he   2020   was   born   (at / on / in)

→ _____ .

24 UNIT

in, on, under (place)

🧄 Discover Grammar

🌶 다음 문장을 듣고 들은 문장에 ☑ 표시를 하세요.

---

1 상자 안에 고양이가 있다.

- ☐ There is a cat in the box.
- ☐ There is a cat the box in.

✏️ _____

---

2 내 침대 밑에 고양이가 있다.

- ☐ There is a cat on my bed.
- ☐ There is a cat under my bed.

✏️ _____

---

3 소파에 개가 있다.

- ☐ There is a dog on the sofa.
- ☐ There is a dog under the sofa.

✏️ _____

---

4 탁자 아래에 개가 있다.

- ☐ There is a dog on the table.
- ☐ There is a dog under the table.

✏️ _____

---

5 매트 위에 고양이가 있다.

- ☐ There is a cat on the mat.
- ☐ There is a cat under the mat.

✏️ _____

---

6 욕조 안에 개가 있다.

- ☐ There is a dog on the tub.
- ☐ There is a dog in the tub.

✏️ _____

🐵 다시 들으면서 발음과 억양에 주의해서 따라 읽고, 문장을 써 보세요.

🪨 장소를 나타낼 때 쓰는 전치사 in, on, under는 어떻게 구분해서 쓰는지 알아봐요.

Rule 1 전치사 in은 언제 쓰나요?

in은 '~ (안)에'라는 뜻으로 사람이나 사물이 어떤 공간 안에 있을 때 사용해요.

in (~ (안)에)	**in the box** 상자 안에	**in my bag** 내 가방 안에
	in the tub 통 안에	**in your glass** 너의 잔 안에

There is a pencil **in my bag.** 내 가방 안에 연필이 있다.

📝 ① 내 가방 안에 → _____ my bag   ② 욕조 안에 → _____ the tub

Rule 2 전치사 on은 언제 쓰나요?

on은 '~ (위)에'라는 뜻으로 표면에 닿아 있는 경우에 사용해요.

on (~ (위)에)	**on the bed** 침대 (위)에	**on the floor** 바닥에
	on the ceiling 천장에	**on the wall** 벽에

There are pictures **on the wall.** 벽에 그림들이 있다.

📝 ① 의자 위에 → _____ the chair   ② 천장에 (닿아) → _____ the ceiling

Rule 3 전치사 under는 언제 쓰나요?

under는 '~ 아래에'라는 뜻으로 사람이나 사물이 어떤 공간 아래에 있는 경우에 사용해요.

under (~ 아래에)	**under the sofa** 소파 아래에 **under** your desk 너의 책상 아래에

There is a cat **under the chair.** 의자 아래에 고양이가 있다.

📝 ① 내 침대 밑에 → _____ my bed   ② 탁자 아래에 → _____ the table

Practice Grammar

문장에 알맞은 사진을 골라 동그라미 하세요.

1 There is a cat on the table.

ⓐ　ⓑ

2 There is a man under the car.

ⓐ　ⓑ

3 There are birds in the cage.

ⓐ　ⓑ

4 There is a mirror on the wall.

ⓐ　ⓑ

5 There are cookies in the jar.

ⓐ　ⓑ

6 There are oranges on the tray.

ⓐ　ⓑ

7 There is a boy under the chair.

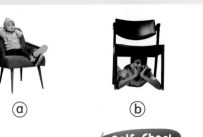

ⓐ　ⓑ

8 There are flowers in the vase.

ⓐ　ⓑ

Self-Check

- 전치사 _____은 '~ (안)에'라는 뜻으로 어떤 공간 (안/밖)에 있을 때 써요.
- 전치사 _____은 '~ (위)에'라는 뜻으로 표면에 닿아 있는 경우에 써요.
- 전치사 _____는 '~ 아래에'라는 뜻으로 어떤 공간 (위/아래)에 있을 때 써요.

Use Grammar

괄호 안에서 알맞은 전치사를 골라 대화를 완성하세요.

1

Where is the cake?

It's (in / on) the plate.

2

Where is the man?

He's (in / under) the tree.

3

Where is your sister?

She's (in / on) the floor.

4

Where are the apples?

They're (under / in) the bowl.

5

Where is Jenny?

She's (in / on) the tent.

6

Where are your books?

They're (in / on) my bag.

7

Where is my bike?

It's (under / on) the window.

8

Where are the pictures?

They're (in / on) the wall.

일반동사 부정문이나 의문문을 만들 때 쓰는 **do**나 **does**를 활용한 표현을 배워볼까요?

A 빈칸에 주어진 말을 써 표현을 완성하세요.

do

지금 몇 시예요?

_____ you have the time?

알겠어요?

_____ you understand?

don't

그렇게 생각하지 않아요.

I _____ think so.

모르겠어요.

I _____ know.

does

얼마예요?

How much _____ it cost?

doesn't

상관없어요[괜찮아요].

It _____ matter.

능력이나 가능을 나타내는 **can**과 부정을 나타내는 **can't**는 자주 사용해요. can과 can't를 사용한
생활 회화 표현을 배워볼까요?

B 빈칸에 can이나 can't를 써 표현을 완성하세요.

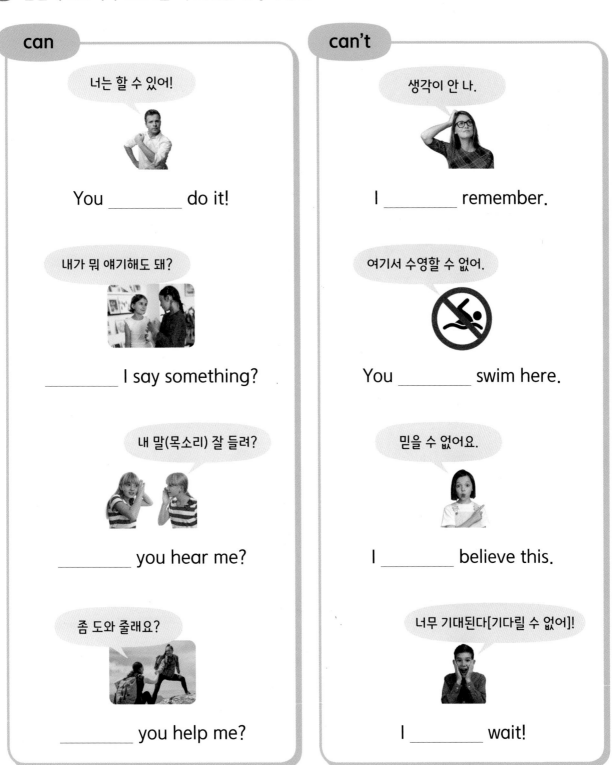

can

너는 할 수 있어!

You _____ do it!

내가 뭐 얘기해도 돼?

_____ I say something?

내 말(목소리) 잘 들려?

_____ you hear me?

좀 도와 줄래요?

_____ you help me?

can't

생각이 안 나.

I _____ remember.

여기서 수영할 수 없어.

You _____ swim here.

믿을 수 없어요.

I _____ believe this.

너무 기대된다[기다릴 수 없어]!

I _____ wait!

우리 아이 중국어 첫걸음
맛있는스쿨의 쉽고, 재미있는
강의와 함께 시작하세요!

◀ 맛있는스쿨
바로 가기

- 🌱 유아부터 초등까지 맞춤형 강의
- 🌱 전 레벨 12개월 & 24개월 무한 수강
- 🌱 중국어 첫걸음부터 HSK 대비까지
- 🌱 하루 15분씩! 부담스럽지 않은 학습 분량
- 🌱 워크북 문제 풀이로 자기 주도 학습 완성
- 🌱 놀이, 챈트, 노래와 함께하는 재미있는 학습

맛있는 어린이 중국어 강의 수강 혜택

10% COUPON					
신규 등록 시 **10% 할인**	워크북 문제 풀이 강의 제공	확인 학습지 PDF 제공	화상 중국어 30분 체험 제공	발음·HSK 강의 추가 제공	전문 강사의 유선 학습 점검

어린이 중국어 & 단과 인강 할인 쿠폰

20% 할인

할인 코드 **enggram_20**

할인 쿠폰 사용 안내

1. 맛있는스쿨(cyberjrc.com) 접속 → [회원가입] 및 [로그인]
2. 메뉴 中 [쿠폰] → [쿠폰 등록하기]란에 쿠폰번호 입력
3. [어린이 중국어] 단과 강의 또는 기타 [단과] 수강 시 [온라인 쿠폰 적용하기]를 클릭하여 쿠폰 사용
4. 결제 후, [나의 강의실]에서 강의 수강 가능

쿠폰 사용 시 유의 사항

1. 본 쿠폰은 맛있는스쿨 단과 강좌 결제 시에만 사용이 가능합니다.
2. 본 쿠폰은 타 쿠폰과 중복 할인이 되지 않습니다.
3. 교재 환불 시 쿠폰 사용이 불가합니다.
4. 쿠폰 발급 후 60일 내로 사용이 가능합니다.
5. 본 쿠폰의 할인 코드는 1회만 사용이 가능합니다.

*쿠폰 사용 문의 : 카카오톡 채널 @맛있는스쿨

듣기, 읽기, 말하기, 쓰기 기초가 완성되는

Everyday 초등 영문법

Starter

주선이 지음

WORKBOOK

맛있는 books

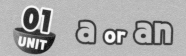

단어쓰기 단어의 뜻을 확인하고 따라 쓴 후 단어가 사용된 문장을 해석해 보세요.

aunt	eraser	friend	mouth
이모[고모/숙모]	지우개	친구	입

1 I have a friend. → _____

2 It is a mouth. → _____

onion	orange	owl	rabbit
양파	오렌지	올빼미	토끼

3 It is a rabbit. → _____

4 I see an orange. → _____

sister	umbrella	uncle	zebra
언니, 누나, 여동생	우산	삼촌, 이모[고모]부	얼룩말

5 I have a sister. → _____

6 I see an umbrella. → _____

문장쓰기 문장 쓰기 규칙을 확인하고 주어진 단어를 이용해 문장을 써 보세요.

> ★ 사람, 동물, 사물이 하나인 단수 명사 앞에는 a를 써요.
>
> **I have** **a friend.**
>
> ★ 모음 소리로 시작하는 단수 명사 앞에는 an을 써요.
>
> **It is** **an egg.**

I have a/an + 단수 명사.

I는 항상 대문자로 써요.   평서문 끝에는 마침표(.)를 써요.

1 나는 자전거가 있다.
  (bike)
  → I have a _____.

2 나는 언니가 있다.
  (sister)
  → _____

3 나는 오렌지가 있다.
  (orange)
  → _____

It is a/an + 단수 명사.

문장의 첫 글자는 대문자로 써요.

4 그것은 사과이다.
  (apple)
  → It is an _____.

5 그것은 토끼이다.
  (rabbit)
  → _____

6 그것은 이글루이다.
  (igloo)
  → _____

I see a/an + 단수 명사.

7 나는 집이 보인다.
  (house)
  → I see a _____.

8 나는 올빼미가 보인다.
  (owl)
  → _____

9 나는 우산이 보인다.
  (umbrella)
  → _____

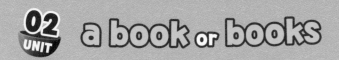

02 UNIT a book or books

단어쓰기 단어의 뜻을 확인하고 따라 쓴 후 단어가 사용된 문장을 해석해 보세요.

bird	cap	ear	girl
새	모자	귀	소녀

1 I have two ears. → _____

2 I like birds. → _____

hand	jeans	leg	nose
손	청바지	다리	코

3 Where are my jeans? → _____

4 I have two hands. → _____

pants	scissors	shoes	socks
바지	가위	신발	양말

5 Where are my scissors? → _____

6 Where are my socks? → _____

4

문장쓰기 문장 쓰기 규칙을 확인하고 주어진 단어를 이용해 문장을 써 보세요.

> ★ 하나보다 많은 복수 명사 뒤에는 -s를 붙여요.
>
> **I have** **two apples.**
>
> ★ 신발처럼 둘이 한 쌍을 이루는 명사 뒤에는 항상 -s를 붙여요.
>
> **Where are** **my shoes?**

I have two + 복수 명사.

1 나는 귀가 두 개이다.
(ear) → I have two _____ .

2 나는 손이 두 개이다.
(hand) → _____

3 나는 다리가 두 개이다.
(leg) → _____

Where are my + 복수 명사?

의문문 끝에는 물음표(?)를 써요.

4 내 양말은 어디에 있나요?
(sock) → Where are my _____ ?

5 내 바지는 어디에 있나요?
(pant) → _____

6 내 가위는 어디에 있나요?
(scissor) → _____

I like + 복수 명사.

7 나는 새를 좋아한다.
(bird) → I like _____ .

8 나는 개를 좋아한다.
(dog) → _____

9 나는 책을 좋아한다.
(book) → _____

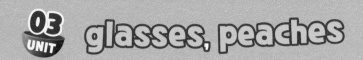

bench	brush	class	dish
벤치, 긴 의자	붓, 솔	수업, 학급	접시

1 I need two dishes. → _____

2 She has many classes. → _____

dress	fox	glass	peach
드레스, 원피스	여우	(유리)잔, 유리	복숭아

3 She has many peaches. → _____

4 I see two foxes. → _____

potato	snake	tomato	watch
감자	뱀	토마토	시계; 보다

5 I need two tomatoes. → _____

6 I see three snakes. → _____

6

문장쓰기 문장 쓰기 규칙을 확인하고 주어진 단어를 이용해 문장을 써 보세요.

★ -s, -sh, -ch, -o, -x로 끝나는 명사는 뒤에 -es를 붙여 복수형을 만들어요.

I need   two glass**es**.

I see   three bus**es**.

I need two + 복수 명사.

1 나는 토마토가 두 개 필요하다.
   (tomato)　　　　　　　→ I need two _____.

2 나는 감자가 두 개 필요하다.
   (potato)　　　　　　　→ _____

3 나는 복숭아가 두 개 필요하다.
   (peach)　　　　　　　→ _____

I see three + 복수 명사.

4 나는 드레스가 세 벌 보인다.
   (dress)　　　　　　　→ I see three _____.

5 나는 여우가 세 마리 보인다.
   (fox)　　　　　　　→ _____

6 나는 시계가 세 개 보인다.
   (watch)　　　　　　　→ _____

She has many + 복수 명사.

7 그녀는 수업이 많다.
   (class)　　　　　　　→ She has many _____.

8 그녀는 붓을 많이 가지고 있다.
   (brush)　　　　　　　→ _____

9 그녀는 접시를 많이 가지고 있다.
   (dish)　　　　　　　→ _____

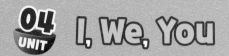

I, We, You

단어쓰기 단어의 뜻을 확인하고 따라 쓴 후 단어가 사용된 문장을 해석해 보세요.

animal	family	funny	game
동물	가족	재미있는	게임

1 We are a family. → _____

2 You love games. → _____

hungry	movie	same	son
배고픈	영화	(똑)같은	아들

3 I am hungry. → _____

4 We are the same. → _____

song	sport	strong	tall
노래	스포츠	힘이 센, 강한	키가 큰

5 You are strong. → _____

6 I love songs. → _____

문장쓰기 문장 쓰기 규칙을 확인하고 주어진 단어를 이용해 문장을 써 보세요.

> ★ 주어가 말하는 자신일 때는 I, 나를 포함한 여러 명을 대신할 때는 We를 써요.
>
> **I** **am** **happy.**
>
> ★ 주어가 듣는 상대방 또는 듣는 상대방을 포함한 여러 명을 대신할 때는 You를 써요.
>
> **You** **are** **my son.**

I am ~.

1 나는 배가 고프다.
  (hungry)

→ I am _____.

2 나는 행복하다.
  (happy)

→ _____.

3 나는 키가 크다.
  (tall)

→ _____.

We are ~.

4 우리는 열 살이다.
  (ten years old)

→ We are _____.

5 우리는 가족이다.
  (a family)

→ _____.

6 우리는 친구이다.
  (friends)

→ _____.

You are ~.

7 너는 열한 살이다.
  (eleven years old)

→ You are _____.

8 너희들은 힘이 세다.
  (strong)

→ _____.

9 당신들은 나의 부모님이다.
  (my parents)

→ _____.

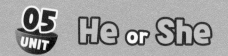

05 UNIT He or She

단어 쓰기 단어의 뜻을 확인하고 따라 쓴 후 단어가 사용된 문장을 해석해 보세요.

brother	busy	cute	dancer
형, 오빠, 남동생	바쁜	귀여운	춤추는 사람, 무용수

1 He is cute. → _____

2 She is a dancer. → _____

king	nurse	pretty	queen
왕	간호사	예쁜	여왕

3 She is pretty. → _____

4 He is a king. → _____

singer	teacher	witch	woman
가수	선생님, 교사	마녀	여성

5 She is a witch. → _____

6 He is a teacher. → _____

문장쓰기 문장 쓰기 규칙을 확인하고 주어진 단어를 이용해 문장을 써 보세요.

★ 주어가 남자 한 명을 대신할 때는 He, 여자 한 명을 대신할 때는 She를 써요.

He　is　my brother.

She　is　a dancer.

He is my/a ~.

1 그는 나의 아빠이다.　　→ He is _____.
(my dad)

2 그는 내 남동생이다.　　→ _____
(my brother)

3 그는 나의 삼촌이다.　　→ _____
(my uncle)

4 그는 왕이다.　　→ _____
(a king)

She is my/a ~.

5 그녀는 나의 엄마이다.　　→ She is _____.
(my mom)

6 그녀는 나의 할머니이다.　　→ _____
(my grandmother)

7 그녀는 내 여동생이다.　　→ _____
(my sister)

8 그녀는 여왕이다.　　→ _____
(a queen)

9 그녀는 가수이다.　　→ _____
(a singer)

단어쓰기 단어의 뜻을 확인하고 따라 쓴 후 단어가 사용된 문장을 해석해 보세요.

fast	fun	glasses	kind
빠른	재미있는; 재미	안경	친절한, 착한

1 It is fast. → _____

2 They are so fun. → _____

kitchen	slow	sofa	soup
부엌, 주방	느린	소파	수프

3 They are in the kitchen. → _____

4 It is under the sofa. → _____

T-shirt	turtle	twin	warm
티셔츠	거북	쌍둥이	따뜻한

5 It is warm. → _____

6 They are turtles. → _____

12

★ 주어가 사물이나 동물 하나를 대신할 때는 It을 써요.

| It | is | on the bed. |

★ 주어가 여러 사람 또는 하나보다 많은 사물이나 동물을 대신할 때는 They를 써요.

| They | are | under the sofa. |

It is on the ~.

1 그것은 탁자 위에 있다.
(table)
→ It is on the _____.

2 그것은 상자 위에 있다.
(box)
→ _____

3 그것은 소파 위에 있다.
(sofa)
→ _____

4 그것은 책상 위에 있다.
(desk)
→ _____

5 그것은 의자 위에 있다.
(chair)
→ _____

They are under the ~.

6 그것들은 침대 아래에 있다.
(bed)
→ They are under the _____.

7 그들은 지붕 아래에 있다.
(roof)
→ _____

8 그것들은 램프 아래에 있다.
(lamp)
→ _____

9 그들은 나무 아래에 있다.
(tree)
→ _____

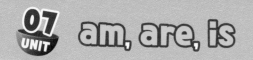

단어쓰기 단어의 뜻을 확인하고 따라 쓴 후 단어가 사용된 문장을 해석해 보세요.

brave	chef	color	cousin
용감한	요리사, 주방장	색, 색깔	사촌

1 I am brave. → _____

2 You are my cousin. → _____

excited	home	library	nest
신이 난	집, 가정	도서관	둥지

3 We are excited. → _____

4 He is in the library. → _____

new	notebook	school	scooter
새, 새로운	공책	학교	스쿠터

5 They are new notebooks. → _____

6 She is at school. → _____

14

★ be동사 am은 I, are는 You, We, They와 함께 써요.

I **am** **brave.**

★ be동사 is는 He, She, It과 함께 써요.

He **is** **at home.**

I am ~.

1 나는 요리사이다.
(a chef)
→ I am _____ .

2 나는 신이 났다.
(excited)
→ _____

You/We/They are ~.

3 그것들은 따뜻한 색들이다.
(warm colors)
→ They are _____ .

4 우리는 거실에 있다.
(in the living room)
→ _____

5 그들은 학교에 있다.
(at school)
→ _____

6 너는 내 사촌이다.
(my cousin)
→ _____

He/She/It is ~.

7 그것은 스쿠터이다.
(a scooter)
→ It is _____ .

8 그는 도서관에 있다.
(in the library)
→ _____

9 그녀는 직장에 있다.
(at work)
→ _____

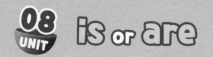

08 UNIT is or are

단어쓰기 단어의 뜻을 확인하고 따라 쓴 후 단어가 사용된 문장을 해석해 보세요.

America	backpack	bottle	Canada
미국	배낭	병	캐나다

1 Ben and I are from Canada. → _____

2 The backpack is mine. → _____

close	Italy	lazy	model
친한, 가까운; 닫다	이탈리아	게으른	모델, 모형

3 My brother and I are so close. → _____

4 Your dog is lazy. → _____

noisy	pencil	skirt	tired
시끄러운	연필	치마	피곤한

5 Mr. Brown is tired. → _____

6 Ken and Amy are so noisy. → _____

문장쓰기 문장 쓰기 규칙을 확인하고 주어진 단어를 이용해 문장을 써 보세요.

★ 주어가 단수 명사이면 be동사 is, 복수 명사이면 are를 써요.

Jenny **is** **eight years old.**

Tom and Kelly **are** **noisy.**

단수 명사 주어 + is ~.

1 나의 엄마는 피곤하다.
(tired)
→ My mom is _____.

2 그 연필은 내 것이다.
(the pencil, mine)
→ _____

3 나의 이모는 캐나다에서 왔다.
(my aunt, from Canada)
→ _____

4 이 엽서는 이탈리아에서 왔다.
(this postcard, from Italy)
→ _____

5 그 배낭은 내 것이다.
(the backpack, mine)
→ _____

복수 명사 주어 + are ~.

6 그 감자들은 뜨겁다.
(hot)
→ The potatoes are _____.

7 그 양말은 내 것이다.
(the socks, mine)
→ _____

8 켄과 에이미는 시끄럽다.
(Ken and Amy, noisy)
→ _____

9 너의 손은 더럽다.
(your hands, dirty)
→ _____

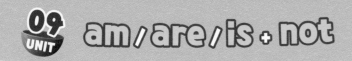 **UNIT 09** am / are / is + not

단어쓰기 단어의 뜻을 확인하고 따라 쓴 후 단어가 사용된 문장을 해석해 보세요.

bored	clever	cold	desk
지루한	영리한	추운, 차가운	책상

1 I'm not bored. → _____

2 He isn't clever. → _____

flower	hot	pilot	rose
꽃	더운, 뜨거운	조종사	장미

3 They aren't flowers. → _____

4 We aren't pilots. → _____

summer	tulip	winter	yellow
여름	튤립	겨울	노란색의; 노란색

5 Winter isn't hot. → _____

6 The tulips aren't yellow. → _____

18

문장쓰기 문장 쓰기 규칙을 확인하고 주어진 단어를 이용해 문장을 써 보세요.

★ be동사 am, are, is의 부정문은 뒤에 not을 써요.

| I | am not | at school. |

★ are not은 aren't, is not은 isn't로 줄여서 쓸 수 있어요.

| It | isn't | mine. |

주어 + am/are/is not ~.

1 나는 배고프지 않다. → I am not _____.
(hungry)

2 그것들은 빨간색이 아니다. → _____.
(red)

3 그는 목이 마르지 않다. → _____.
(thirsty)

You/We/They aren't ~.

4 너는 빠르지 않다. → You aren't _____.
(fast)

5 그것들은 내 것이 아니다. → _____.
(mine)

6 우리는 집에 없다. → _____.
(at home)

He/She/It isn't ~.

7 그것은 느리지 않다. → It isn't _____.
(slow)

8 그는 여기에 없다. → _____.
(here)

9 그녀는 의사가 아니다. → _____.
(a doctor)

UNIT 09 **19**

UNIT 10 Am / Are / Is ~?

단어쓰기 단어의 뜻을 확인하고 따라 쓴 후 단어가 사용된 문장을 해석해 보세요.

angry	button	closed	dinner
화난	단추	닫힌	저녁 식사

1 Are you angry? → _____

2 Is it your button? → _____

late	lucky	money	plane
늦은; 늦게	운이 좋은	돈	비행기

3 Am I late? → _____

4 Are you lucky? → _____

quiet	ready	sandwich	surprised
조용한	준비가 된	샌드위치	놀란

5 Is he surprised? → _____

6 Are they your sandwiches? → _____

문장쓰기 문장 쓰기 규칙을 확인하고 주어진 단어를 이용해 문장을 써 보세요.

★ be동사 의문문은 be동사를 주어 앞에 쓰고 끝에 물음표(?)를 붙여요.

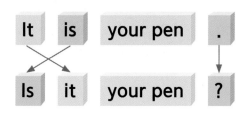

Am I ~?

1 저는 늦었나요?
(late)

→ Am I _____ ?

2 저는 학생인가요?
(a student)

→ _____

Is he/she/it ~?

3 그것은 문을 닫았나요?
(closed)

→ Is it _____ ?

4 그는 말을 타고 있나요?
(on a horse)

→ _____

5 그녀는 버스를 타고 있나요?
(on a bus)

→ _____

6 그것은 네 돈이니?
(your money)

→ _____

Are we/you/they ~?

7 너는 놀랐니?
(surprised)

→ Are you _____ ?

8 우리는 괜찮은가요?
(okay)

→ _____

9 그것들은 너의 샌드위치들이니?
(your sandwiches)

→ _____

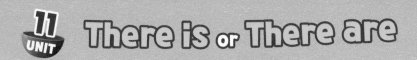

airport	armchair	church	curtain
공항	안락의자	교회	커튼

1 There is an airport. → _____

2 There are two churches. → _____

hospital	house	mirror	park
병원	집	거울	공원

3 There are many houses. → _____

4 There is a mirror. → _____

restaurant	shop	supermarket	window
식당	가게	슈퍼마켓	창문

5 There is a supermarket. → _____

6 There are some restaurants. → _____

22

문장쓰기 문장 쓰기 규칙을 확인하고 주어진 단어를 이용해 문장을 써 보세요.

★ 명사가 하나인 경우 '~가 있다'라고 말할 때 There is 뒤에 단수 명사를 주어로 써요.

> **There is** **a park.**

★ 명사가 둘 이상인 경우 '~가 있다'라고 말할 때 There are 뒤에 복수 명사를 주어로 써요.

> **There are** **two hotels.**

There is a/an + 단수 명사.

1 슈퍼마켓이 하나 있다.
(supermarket)
→ There is a _____.

2 학교가 하나 있다.
(school)
→ _____

3 안락의자가 하나 있다.
(armchair)
→ _____

4 은행이 하나 있다.
(bank)
→ _____

There are + 복수 명사.

5 식당이 많이 있다.
(restaurant)
→ There are many _____.

6 벤치가 몇 개 있다.
(some, bench)
→ _____

7 나무가 세 그루 있다.
(tree)
→ _____

8 침대가 두 개 있다.
(bed)
→ _____

9 집이 많이 있다.
(house)
→ _____

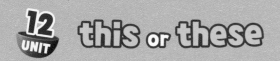

UNIT 12 this or these

단어쓰기 단어의 뜻을 확인하고 따라 쓴 후 단어가 사용된 문장을 해석해 보세요.

ball	banana	belt	clothes
공	바나나	허리띠, 벨트	옷

1 This is my ball. → _____

2 These are your clothes. → _____

elephant	eye	gloves	head
코끼리	눈	장갑	머리

3 This is an elephant. → _____

4 These are your gloves. → _____

kite	laptop	name	ruler
연	휴대용 컴퓨터, 노트북	이름	자

5 These are my kites. → _____

6 This is her name. → _____

24

문장쓰기 문장 쓰기 규칙을 확인하고 주어진 단어를 이용해 문장을 써 보세요.

> ★ 가까이 있는 하나의 대상을 가르킬 때는 this를 쓰고 be동사 is와 함께 써요.
>
> **This** **is** **a ball.**
>
> ★ 가까이 있는 여러 대상을 가르킬 때는 these를 쓰고 be동사 are와 함께 써요.
>
> **These** **are** **trees.**

This is a/an + 단수 명사.

1 이것은 텐트이다.
(tent)

→ This is a _____.

2 이것은 오렌지이다.
(orange)

→ _____

3 이것은 휴대용 컴퓨터이다.
(laptop)

→ _____

4 이것은 자이다.
(ruler)

→ _____

These are + 복수 명사.

5 이것들은 바나나이다.
(banana)

→ These are _____.

6 이것들은 연이다.
(kite)

→ _____

7 이것들은 안경이다.
(glass)

→ _____

8 이분들은 나의 부모님이다.
(my parent)

→ _____

9 이것들은 내 양말이다.
(my sock)

→ _____

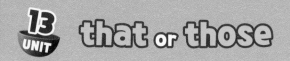

UNIT 13 that or those

단어쓰기 단어의 뜻을 확인하고 따라 쓴 후 단어가 사용된 문장을 해석해 보세요.

bakery	bat	bee	boat
빵집	박쥐	벌	배, 보트

1 That is a bakery. → _____

2 Those are bats. → _____

boots	coat	cow	crayon
장화	코트	소, 암소	크레용

3 That is your coat. → _____

4 Those are my boots. → _____

lamp	parent	toy	violin
램프, 등	부모(아버지 또는 어머니)	장난감	바이올린

5 That is your violin. → _____

6 Those are my parents. → _____

문장쓰기 문장 쓰기 규칙을 확인하고 주어진 단어를 이용해 문장을 써 보세요.

★ 멀리 있는 하나의 대상을 가리킬 때는 that을 쓰고 be동사 is와 함께 써요.

| That | is | a book. |

★ 멀리 있는 여러 대상을 가리킬 때는 those를 쓰고 be동사 are와 함께 써요.

| Those | are | watches. |

That is + a/an 단수 명사.

1 저것은 지우개이다.
(eraser)

→ That is an _____.

2 저것은 램프이다.
(lamp)

→ _____

3 저것은 야구용 글러브이다.
(glove)

→ _____

4 저것은 오렌지이다.
(orange)

→ _____

5 저것은 바이올린이다.
(violin)

→ _____

Those are + 복수 명사.

6 저것들은 보트이다.
(boat)

→ Those are _____.

7 저것들은 박쥐이다.
(bat)

→ _____

8 저것들은 내 크레용들이다.
(my crayon)

→ _____

9 저것들은 내 신발이다.
(my shoe)

→ _____

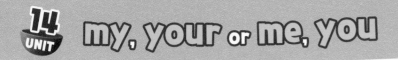

단어쓰기 단어의 뜻을 확인하고 따라 쓴 후 단어가 사용된 문장을 해석해 보세요.

doll	face	hard	heavy
인형	얼굴	딱딱한, 어려운; 열심히	무거운

1 My bed is hard. → _____

2 Your doll is pretty. → _____

jacket	know	love	picture
재킷	알다	사랑하다, 아주 좋아하다	그림, 사진

3 They know me. → _____

4 Your picture is nice. → _____

soft	style	ticket	voice
부드러운, 푹신한	스타일, 방식	표, 티켓	목소리

5 I like your voice. → _____

6 They like my style. → _____

문장 쓰기 문장 쓰기 규칙을 확인하고 주어진 단어를 이용해 문장을 써 보세요.

> ★ I, you가 명사 앞에 쓰여 소유관계를 나타낼 때 I는 my, you는 your로 바뀌어요.
>
> | My | cat | is | cute. |
>
> ★ I, you가 동사 뒤에 와서 목적어로 쓰일 때 I는 me로 바뀌고, you는 you로 써요.
>
> | They | know | you. |

My/Your + 단수 명사 + **is ~.**

1 나의 침대는 푹신한다.
(soft)

→ My bed is _____.

2 너의 배낭은 무겁다.
(backpack, heavy)

→ _____

3 너의 인형은 이쁘다.
(doll, pretty)

→ _____

주어 + 동사 + **my/your** + 명사.

4 나는 너의 이름을 안다.
(name)

→ I know your _____.

5 그들은 나의 스타일을 좋아한다.
(style)

→ _____

6 우리는 너의 목소리를 좋아한다.
(voice)

→ _____

주어 + 동사 + **me/you.**

7 그들은 너를 안다.

→ They know _____.

8 너의 조부모님은 나를 안다.
(grandparents)

→ _____

9 너의 친구들은 나를 좋아한다.
(friends)

→ _____

his, her or him, her

단어쓰기 단어의 뜻을 확인하고 따라 쓴 후 단어가 사용된 문장을 해석해 보세요.

black	blue	brown	favorite
검은색; 검은색의	파란색; 파란색의	갈색; 갈색의	가장 좋아하는

1 Her eyes are blue. → _____

2 His favorite color is brown. → _____

green	long	meet	miss
녹색; 녹색의	긴	만나다	그리워하다, 놓치다

3 Her hair is long. → _____

4 I miss her. → _____

red	short	subject	tennis
빨간색; 빨간색의	짧은	과목, 주제	테니스

5 His hair is short. → _____

6 Her favorite subject is math. → _____

문장쓰기 문장 쓰기 규칙을 확인하고 주어진 단어를 이용해 문장을 써 보세요.

> ★ he, she가 명사 앞에 쓰여 소유관계를 나타낼 때 he는 his, she는 her로 바뀌어요.
>
> | Her | favorite color | is | blue. |
>
> ★ he, she가 동사 뒤에 와서 목적어로 쓰일 때 he는 him, she는 her로 바뀌어요.
>
> | I | miss | him. |

His/Her + 단수 명사 + is ~.

1 그의 가장 좋아하는 스포츠는 축구이다. → His favorite sport is _____.
(soccer)

2 그녀의 가장 좋아하는 색은 녹색이다. → _____
(color, green)

3 그의 가장 좋아하는 음식은 피자이다. → _____
(food, pizza)

주어 + 동사 + his/her + 명사.

4 우리는 그의 이름을 안다. → We know his _____.
(name)

5 나는 그의 목소리를 그리워한다. → _____
(miss, voice)

6 그들은 그녀의 얼굴을 안다. → _____
(face)

주어 + 동사 + him/her.

7 그들은 그를 그리워한다. → They miss _____.

8 그의 딸들은 그녀를 그리워한다. → _____
(daughters)

9 그녀의 아들들은 그를 안다. → _____
(sons)

단어쓰기 단어의 뜻을 확인하고 따라 쓴 후 단어가 사용된 문장을 해석해 보세요.

castle	chameleon	eagle	garden
성	카멜레온	독수리	정원

1 It's their castle. → _____

2 I like our garden. → _____

help	loud	need	spoon
돕다	시끄러운, 큰	필요로 하다	숟가락

3 You can help them. → _____

4 They need us. → _____

tail	truck	white	wing
꼬리	트럭	하얀색; 하얀색의	날개

5 Its tail is long. → _____

6 Their wings are big. → _____

문장쓰기 문장 쓰기 규칙을 확인하고 주어진 단어를 이용해 문장을 써 보세요.

> ★ it, we, they가 명사 앞에 쓰여 소유관계를 나타낼 때 its, our, thier로 바뀌어요.
>
> | Our | desks | are | new. |
>
> ★ it, we, they가 동사 뒤에 와서 목적어로 쓰일 때 it, us, them으로 써요.
>
> | You | can help | them. |

Its/Our/Their + 단수 명사 + is ~.

1 그것들의 소리는 시끄럽다.　→ _____ sound is _____.
　(loud)

2 우리의 차는 흰색이다.　→ _____
　(car, white)

3 그것의 꼬리는 길다.　→ _____
　(tail, long)

Its/Our/Their + 복수 명사 + are ~.

4 그것들의 날개는 크다.　→ _____ wings are _____.
　(big)

5 그것의 다리들은 길다.　→ _____
　(legs, long)

6 우리의 선생님들은 친절하다.　→ _____
　(teachers, kind)

주어 + 동사 + it/us/them.

7 그들은 우리를 도울 수 있다.　→ They can help _____.

8 너는 그것을 필요로 한다.　→ _____
　(need)

9 우리는 그것들을 좋아하지 않는다.　→ _____
　(don't like)

17 UNIT is or eat

단어쓰기 단어의 뜻을 확인하고 따라 쓴 후 단어가 사용된 문장을 해석해 보세요.

bake	breakfast	clean	drink
굽다	아침 식사	청소하다	마시다

1 She bakes cookies. → _____

2 I eat breakfast. → _____

hit	learn	read	sing
때리다, 치다	배우다	읽다	노래하다

3 My brother reads books. → _____

4 We learn math. → _____

sleep	swim	talk	write
(잠을) 자다; 잠	수영하다	말하다	쓰다

5 It swims well. → _____

6 The baby sleeps in his room. → _____

34

> ★ 주어가 I, You, We, They, 복수 명사일 때 일반동사 현재형은 동사 모양 그대로 써요.
>
> | We | play | soccer. |
>
> ★ 주어가 He, She, It, 단수 명사일 때 일반동사 현재형은 동사원형 뒤에 -s를 붙여요.
>
> | He | play**s** | soccer. |

I/You/We/They/복수 명사 + 동사원형 ~.

1 그 개들은 물을 마신다.
(drink, water)

→ The dogs _____.

2 나는 잠을 잔다.
(sleep)

→ _____

3 우리는 영어를 배운다.
(learn, English)

→ _____

4 너희들은 책을 읽는다.
(read, books)

→ _____

He/She/It/단수 명사 + 동사원형+s ~.

5 그는 수영을 잘한다.
(swim)

→ He _____ well.

6 그녀는 음악을 듣는다.
(listen to, music)

→ _____

7 그것은 여기서 선다[멈춘다].
(stop, here)

→ _____

8 나의 아빠는 열심히 일하신다.
(work, hard)

→ _____

9 나의 엄마는 빵을 굽는다.
(bake, bread)

→ _____

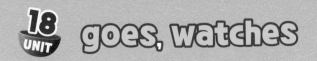

18 UNIT goes, watches

단어쓰기 단어의 뜻을 확인하고 따라 쓴 후 단어가 사용된 문장을 해석해 보세요.

catch	cook	cross	fix
잡다	요리하다	건너다, 가로지르다	고치다, 수리하다

1 The dog crosses the road. → _____

2 He fixes a car. → _____

have	homework	kiss	push
가지다, 먹다	숙제	키스하다; 입맞춤	밀다

3 He does his homework. → _____

4 The girl kisses her dad. → _____

take	teach	wash	wish
가지고 가다	가르치다	씻다	바라다; 소원

5 My aunt teaches math. → _____

6 Ben washes his face. → _____

36

문장쓰기 문장 쓰기 규칙을 확인하고 주어진 단어를 이용해 문장을 써 보세요.

> ★ 주어가 3인칭 단수일 때 대부분의 동사 뒤에 -s를 붙여 3인칭 단수형 동사를 만들어요.
>
> | She | eats | breakfast. |
>
> ★ -s, -sh, -ch, -o, -x로 끝나는 동사는 뒤에 -es를 붙여 3인칭 단수형 동사를 만들어요.
>
> | He | does | his homework. |

He/She/It/단수 명사 + 동사원형+s ~.

1 그는 야구를 한다. → He _____.
(play, baseball)

2 그녀는 저녁을 요리한다. → _____
(cook, dinner)

3 그것은 수영을 잘한다. → _____
(swim, well)

4 Kate는 피아노를 연주한다. → _____
(play, the piano)

He/She/It/단수 명사 + 동사원형+es ~.

5 그녀는 숙제를 한다. → She _____.
(do, her homework)

6 그는 영화를 본다. → _____
(watch, a movie)

7 그것은 시내로 간다. → _____
(go, downtown)

8 나의 아빠는 영어를 가르친다. → _____
(teach, English)

9 James는 자동차를 고친다. → _____
(fix, a car)

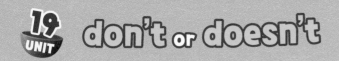

UNIT 19 don't or doesn't

단어쓰기 단어의 뜻을 확인하고 따라 쓴 후 단어가 사용된 문장을 해석해 보세요.

cheese	coffee	come	early
치즈	커피	오다	일찍; 이른

1 They don't eat cheese. → _____

2 My dad doesn't get up early. → _____

English	food	meat	milk
영어	음식	고기	우유

3 She doesn't eat meat. → _____

4 We don't drink milk. → _____

pizza	time	vegetable	water
피자	시간	채소	물

5 He doesn't like vegetables. → _____

6 We don't have time. → _____

문장쓰기 문장 쓰기 규칙을 확인하고 주어진 단어를 이용해 문장을 써 보세요.

★ 주어가 I, You, We, They, 복수 명사일 때 일반동사 부정문은 동사원형 앞에 do not을 써요.

| I | do not[don't] | drink | milk. |

★ 주어가 He, She, It, 단수 명사일 때 일반동사 부정문은 동사원형 앞에 does not을 써요.

| He | does not[doesn't] | go | to school. |

I/You/We/They/복수 명사 + don't + 동사원형 ~.

1 우리는 우유를 마시지 않는다.
(drink)
→ We don't _____ milk.

2 너희들은 늦게까지 일하지 않는다.
(work, late)
→ _____

3 그들은 수학을 가르치지 않는다.
(teach, math)
→ _____

4 나는 설거지하지 않는다.
(wash, the dishes)
→ _____

He/She/It/단수 명사 + doesn't + 동사원형 ~.

5 그는 치즈를 먹지 않는다.
(eat)
→ He doesn't _____ cheese.

6 그것은 물을 마시지 않는다.
(water)
→ _____

7 그녀는 일찍 일어나지 않는다.
(get up, early)
→ _____

8 그는 그 고양이에게 먹이를 주지 않는다.
(feed, the cat)
→ _____

9 나의 아빠는 저녁을 요리하지 않는다.
(cook, dinner)
→ _____

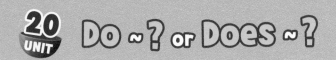

20 UNIT Do ~? or Does ~?

단어쓰기 단어의 뜻을 확인하고 따라 쓴 후 단어가 사용된 문장을 해석해 보세요.

baseball	camping	cello	cooking
야구	캠핑(하기)	첼로	요리(하기)

1 Do you play baseball? → _____

2 Does she play the cello? → _____

dancing	drawing	guitar	jogging
춤추기	그림 그리기	기타	조깅(하기)

3 Do you play the guitar? → _____

4 Does he like drawing? → _____

shopping	soccer	swimming	walking
쇼핑(하기)	축구	수영(하기)	걷기

5 Do we go swimming? → _____

6 Does she go shopping? → _____

문장쓰기 문장 쓰기 규칙을 확인하고 주어진 단어를 이용해 문장을 써 보세요.

★ 주어가 I, You, We, They일 때 일반동사 의문문은 주어 앞에 Do를 쓰고 뒤에 동사원형을 써요.

| Do | you | like | dancing? |

★ 주어가 He, She, It일 때 일반동사 의문문은 주어 앞에 Does를 쓰고 뒤에 동사원형을 써요.

| Does | she | like | you? |

Do + I/you/we/they + 동사원형 ~?

1 너는 책 읽기를 좋아하니?
(like, reading)
→ Do you _____?

2 그들은 캠핑을 가니?
(go, camping)
→ _____

3 너희들은 축구를 하니?
(play, soccer)
→ _____

4 우리는 조깅하러 가나요?
(go, jogging)
→ _____

Does + he/she/it + 동사원형 ~?

5 그녀는 쇼핑하러 가니?
(go, shopping)
→ Does she _____?

6 그는 춤추기를 좋아하니?
(dancing)
→ _____

7 그는 첼로를 연주하니?
(play, the cello)
→ _____

8 그것은 수영을 좋아하니?
(swimming)
→ _____

9 그녀는 기타를 연주하니?
(the guitar)
→ _____

21 UNIT **can**

단어쓰기 단어의 뜻을 확인하고 따라 쓴 후 단어가 사용된 문장을 해석해 보세요.

ask	climb	dolphin	kangaroo
묻다, 질문하다	오르다	돌고래	캥거루

1 A kangaroo can jump. → _____

2 A dolphin can swim. → _____

kick	monkey	penguin	question
(발로) 차다	원숭이	펭귄	질문

3 We can ask questions. → _____

4 He can kick a ball. → _____

ride	rock	stay	tiger
(말, 자전거 등을) 타다	바위, 암벽	머물다	호랑이

5 She can ride a horse. → _____

6 My uncle can climb rocks. → _____

문장쓰기 문장 쓰기 규칙을 확인하고 주어진 단어를 이용해 문장을 써 보세요.

★ 조동사 can은 '~할 수 있다'라는 의미로 주어에 상관없이 같은 형태를 쓰고 뒤에 동사원형이 와요.

| I | can play | the guitar. |

| He | can help | me. |

주어 + can + 동사원형 ~.

1 그는 케이크를 구울 수 있다.
(bake, a cake)

→ He can _____.

2 나는 피아노를 칠 수 있다.
(play, the piano)

→ _____

3 James는 공을 찰 수 있다.
(kick, a ball)

→ _____

4 당신은 말을 탈 수 있다.
(ride, a horse)

→ _____

5 그것은 날 수 있다.
(fly)

→ _____

6 우리는 질문을 할 수 있다.
(ask, questions)

→ _____

7 그들은 줄넘기를 할 수 있다.
(jump rope)

→ _____

8 그는 차를 운전할 수 있다.
(drive, a car)

→ _____

9 나는 그림을 그릴 수 있다.
(draw, pictures)

→ _____

10 그는 나를 도와줄 수 있다.
(help)

→ _____

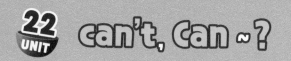 **22 UNIT** can't, Can ~?

단어쓰기 단어의 뜻을 확인하고 따라 쓴 후 단어가 사용된 문장을 해석해 보세요.

carry	change	chess	computer
나르다	변하다	체스	컴퓨터

1 I can't play chess. → _____

2 Can he carry the box? → _____

dive	French	parrot	skateboard
다이빙하다, 뛰어들다	프랑스어; 프랑스의	앵무새	스케이트보드를 타다

3 The boy can't dive. → _____

4 Can parrots write? → _____

sled	speak	use	wait
썰매를 타다	말하다	사용하다	기다리다

5 Can you speak French? → _____

6 He can't use a computer. → _____

문장쓰기 문장 쓰기 규칙을 확인하고 주어진 단어를 이용해 문장을 써 보세요.

> ★ '~할 수 없다'라는 의미의 can의 부정문은 can 뒤에 not을 붙인 cannot을 써요.
>
> | I | cannot[can't] | ski. |
>
> ★ '~할 수 있니?'라고 묻는 can의 의문문은 Can을 주어 앞에 써요.
>
> | Can | he | sing? |

주어 + can't + 동사원형 ~.

1 나는 스키를 탈 수 없다.
(ski)
→ I can't _____ .

2 그는 수영을 할 수 없다.
(swim)
→ _____

3 그들은 그림을 그릴 수 없다.
(draw, pictures)
→ _____

4 우리는 연을 날릴 수 없다.
(fly, a kite)
→ _____

Can + 주어 + 동사원형 ~?

5 너는 프랑스어를 말할 수 있니?
(speak, French)
→ Can you _____ ?

6 너는 컴퓨터를 사용할 수 있니?
(use, a computer)
→ _____

7 그는 공을 칠 수 있니?
(hit, a ball)
→ _____

8 그녀는 체스를 할 수 있니?
(play, chess)
→ _____

9 앵무새는 말을 할 수 있니?
(parrots, speak)
→ _____

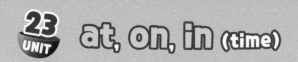

23 UNIT at, on, in (time)

단어쓰기 단어의 뜻을 확인하고 따라 쓴 후 단어가 사용된 문장을 해석해 보세요.

afternoon	April	evening	Friday
오후	4월	저녁	금요일

1 Let's talk in the afternoon. → _____

2 See you on Friday. → _____

get up	June	May	morning
일어나다	6월	5월	아침

3 She gets up at noon. → _____

4 His birthday is in May. → _____

night	noon	start	Sunday
밤	정오	시작하다	일요일

5 The show starts at 8 p.m. → _____

6 I go swimming on Sundays. → _____

문장 쓰기 문장 쓰기 규칙을 확인하고 주어진 단어를 이용해 문장을 써 보세요.

★ 전치사 at은 구체적인 시각이나 하루의 때를 나타내는 명사 앞에 써요.

| Let's talk | at night. |

★ 전치사 on은 요일이나 날짜를 나타내는 명사 앞, in은 월, 계절, 연도를 나타내는 명사 앞에 써요.

| It starts | in summer. |

(주어) + 동사 + at 시각이나 하루의 때.

1 7시에 만나.
   (seven)
   → See you _____.

2 그녀는 오후 8시에 일어난다.
   (gets up, 8 p.m.)
   → _____

3 그들은 6시에 저녁을 먹는다.
   (have, dinner)
   → _____

(주어) + 동사 + on 요일이나 날짜.

4 우리는 월요일마다 만난다.
   (Mondays)
   → We meet _____.

5 금요일에 만나.
   (Friday)
   → _____

6 그것은 5월 5일에 시작한다.
   (starts, May 5)
   → _____

(주어) + 동사 + in 월/계절/연도.

7 그것은 겨울에 시작한다.
   (winter)
   → It starts _____.

8 7월에 만나.
   (July)
   → _____

9 그는 2020년에 태어났다.
   (was born, 2020)
   → _____

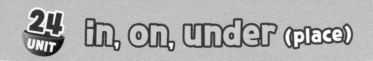

단어쓰기 단어의 뜻을 확인하고 따라 쓴 후 단어가 사용된 문장을 해석해 보세요.

bowl	cage	ceiling	cookie
그릇	새장	천장	쿠키

1 There are birds in the cage. → _____

2 There are cookies in the jar. → _____

floor	jar	man	mat
(방의) 바닥	병, 항아리	남자, 사람	매트

3 She's on the floor. → _____

4 There is a man under the car. → _____

plate	tray	tub	wall
접시	쟁반	욕조, 통	벽

5 There is a dog in the tub. → _____

6 There are oranges on the tray. → _____

문장쓰기 문장 쓰기 규칙을 확인하고 주어진 단어를 이용해 문장을 써 보세요.

★ 전치가 in은 사람이나 사물이 어떤 공간 안에 있을 때 사용해요.

She's   in the tent.

★ 전치사 on은 표면에 닿아 있는 경우에, under는 어떤 공간 아래에 있는 경우에 사용해요.

They're   on the wall.

주어 + be동사 + in 명사.

<인칭대명사 + be동사>는 줄여서 써봐요.

1 그는 욕조 안에 있다.
(the tub)
→ He's _____.

2 그것은 내 가방 안에 있다.
(my bag)
→ _____

3 그것들은 새장 안에 있다.
(the cage)
→ _____

주어 + be동사 + on 명사.

4 그녀는 바닥에 있다.
(the floor)
→ She's _____.

5 그것은 접시 위에 있다.
(the plate)
→ _____

6 그것들은 천장에 있다.
(the ceiling)
→ _____

주어 + be동사 + under 명사.

7 그것은 창문 아래에 있다.
(the window)
→ It's _____.

8 그는 나무 아래에 있다.
(the tree)
→ _____

9 그것들은 탁자 아래에 있다.
(the table)
→ _____

정답

- 본책 정답
- WORKBOOK 정답

UNIT 01 a or an

Discover Grammar — p. 10

1 I have a friend.
2 I have an aunt.
3 I see a zebra.
4 I see an owl.
5 It is a bike.
6 It is an egg.

Learn Grammar — p. 11

Rule 1 ① a book ② a dog ③ a rabbit ④ a sister
Rule 2 ① an ② an ③ an ④ an

Practice Grammar — p. 12

1 an ant
2 a book
3 a dog
4 a car
5 an onion
6 an uncle
7 a mouth
8 an eraser

Self-Check ·하나 ·모음, 앞

Use Grammar — p. 13

1 a rabbit
2 an apple
3 an igloo
4 a house
5 an owl
6 an umbrella
7 a bike
8 a sister
9 an orange

해석
1 그것은 토끼이다.
2 그것은 사과이다.
3 그것은 이글루이다.
4 나는 집이 보인다.
5 나는 올빼미가 보인다.
6 나는 우산이 보인다.
7 나는 자전거가 있다.
8 나는 여동생이 있다.
9 나는 오렌지가 있다.

UNIT 02 a book or books

Discover Grammar — p. 14

1 I have a nose.
2 I have two apples.
3 I like books.
4 I like birds.
5 Where are my shoes?
6 Where are my pants?

Learn Grammar — p. 15

Rule 2 ① boys ② legs ③ ants
④ shoes ⑤ scissors ⑥ pants

Practice Grammar — p. 16

1 an egg, eggs
2 a bee, bees
3 a girl, girls
4 a pen, pens
5 a cap, caps
6 an onion, onions
7 shoes
8 socks
9 scissors
10 jeans

Self-Check ·a, an, s ·s

Use Grammar — p. 17

1 ears
2 hands
3 legs
4 birds
5 dogs
6 books
7 socks
8 pants
9 scissors

해석
1 나는 귀가 두 개이다.
2 나는 손이 두 개이다.
3 나는 다리가 두 개이다.
4 나는 새를 좋아한다.
5 나는 개를 좋아한다.
6 나는 책을 좋아한다.
7 내 양말은 어디에 있나요?
8 내 바지는 어디에 있나요?
9 내 가위는 어디에 있나요?

UNIT 03 glasses, peaches

Discover Grammar — p.18

1 I need three glasses.
2 I need two dishes.
3 I see two foxes.
4 I see three buses.
5 She has many peaches.
6 She has many potatoes.

Learn Grammar — p.19

Rule1 ① books ② girls ③ dogs ④ houses
Rule2 ① boxes ② benches ③ watches
④ brushes

Practice Grammar — p.20

1 boxes   2 benches   3 hats
4 snakes   5 dresses   6 brushes
7 potatoes   8 bushes   9 glasses

Self-Check · s · es

Use Grammar — p.21

1 tomatoes   2 potatoes   3 peaches
4 dresses   5 foxes   6 watches
7 classes   8 brushes   9 dishes

해석

1 나는 토마토가 두 개 필요하다.
2 나는 감자가 세 개 필요하다.
3 나는 복숭아가 네 개 필요하다.
4 나는 드레스가 두 벌 보인다.
5 나는 여우가 세 마리 보인다.
6 나는 시계가 네 개 보인다.
7 그녀는 수업이 많다.
8 그녀는 붓을 많이 가지고 있다.
9 그녀는 접시를 많이 가지고 있다.

UNIT 04 I, We, You

Discover Grammar — p.22

1 I am hungry.
2 I love dogs.
3 We are ten years old.
4 We love games.
5 You are strong.
6 You love books.

Learn Grammar — p.23

Rule1 ① We ② We
Rule2 ① You ② You

Practice Grammar — p.24

1 I   2 We   3 You   4 You
5 You   6 We

1 We   2 We   3 You   4 We

해석

1 대니와 나는 친구이다. 우리는 동물을 사랑한다.
2 너와 나는 똑같다. 우리는 영화를 아주 좋아한다.
3 너와 줄리는 재미있다. 너희들은 책을 아주 좋아한다.
4 아빠와 나는 행복하다. 우리는 자동차를 아주 좋아한다.

Self-Check · I, You · We

Use Grammar — p.25

1 I am happy.   2 You are eleven.
3 We love sports.   4 You love songs.
5 You are my parents.   6 We are a family.

해석

1 나는 행복하다.
2 너는 열한 살이다.
3 우리는 스포츠를 아주 좋아한다.
4 너희들은 노래를 아주 좋아한다.
5 당신들은 내 부모님이다.
6 우리는 가족이다.

UNIT 05 He or She

p. 26

Discover Grammar

1 He is cute.
2 She is tall.
3 He is a singer.
4 She is a dancer.
5 He is a king.
6 She is a queen.

Learn Grammar

p. 27

Rule 1 ① He ② He ③ He ④ He
Rule 2 ① She ② She ③ She ④ She

Practice Grammar

p. 28

| 1 She | 2 He | 3 He | 4 She |
| 5 She | 6 He | 7 He | 8 She |

해석
1 에이미는 내 여동생이다. 그녀는 예쁘다.
2 빌은 나의 형이다. 그는 멋지다.
3 이 사람은 왕이다. 그는 키가 크다.
4 이 사람은 여왕이다. 그녀는 바쁘다.
5 그 여자는 마녀이다. 그녀는 박쥐를 좋아한다.
6 그 남자는 나의 삼촌이다. 그는 책을 좋아한다.
7 이분은 스미스 씨이다. 그는 선생님이다.
8 이분은 브라운 여사이다. 그녀는 간호사이다.

Self-Check • 주어 • 그는, 그녀는

Use Grammar

p. 29

1 She is my sister.
2 He is my dad.
3 He is my brother.
4 She is my aunt.
5 She is a queen.
6 He is my uncle.

해석
1 그 소녀는 누구니? 그녀는 내 여동생이야.
2 베이커 씨는 누구니? 그는 나의 아빠야.
3 그 소년은 누구니? 그는 내 남동생이야.
4 메리는 누구니? 그녀는 나의 이모야.
5 그 여자는 누구니? 그녀는 여왕이야.
6 데이비드는 누구니? 그는 나의 삼촌이야.

UNIT 06 It or They

Discover Grammar

p. 30

1 It is slow.
2 It is fast.
3 They are so fun.
4 They are so cute.
5 It is on the bed.
6 They are under the sofa.

Learn Grammar

p. 31

Rule 1 ① It ② It ③ It ④ It
Rule 2 ① They ② They ③ They ④ They

Practice Grammar

p. 32

| 1 It | 2 It | 3 They | 4 They |
| 5 They | 6 It | 7 They | 8 It |

해석
1 나는 지우개가 있다. 그것은 좋다.
2 그녀는 집을 가지고 있다. 그것은 작다.
3 나는 쌍둥이 자매가 있다. 그들은 똑같다.
4 그녀는 개 두 마리가 있다. 그것들은 크다.
5 우리는 오렌지를 좋아한다. 그것들은 달콤하다.
6 그는 그 수프를 좋아한다. 그것은 따뜻하다.
7 우리는 그 선생님들을 좋아한다. 그들은 친절하다.
8 그녀는 자기 드레스를 좋아한다. 그것은 예쁘다.

Self-Check • 단수, 복수, 주어 • 그것은, 그것들은

Use Grammar

p. 33

1 It is on the table.
2 It is under the sofa.
3 They are under the chair.

4 It is on the box.

5 They are in the bag.

6 They are in the kitchen.

해석

1 그 박스는 어디에 있니? 그것은 탁자 위에 있어.

2 그 거미는 어디에 있니? 그것은 소파 아래에 있어.

3 내 신발은 어디에 있니? 그것들은 의자 아래에 있어.

4 그의 티셔츠는 어디에 있니? 그것은 상자 위에 있어.

5 내 가위는 어디에 있니? 그것들은 가방 안에 있어.

6 네 남동생들은 어디에 있니? 그들은 부엌에 있어.

3 is, It is my scooter.

4 are, We are in the living room.

5 am, I am a chef.

6 is, He is in the library.

해석

1 그녀는 직장에 있다.

2 그것들은 따뜻한 색들이다.

3 그것은 나의 스쿠터이다.

4 우리는 거실에 있다.

5 나는 요리사이다.

6 그는 도서관에 있다.

UNIT 07 am, are, is

Discover Grammar _____ p. 34

1 I am brave.

2 You are my cousin.

3 We are excited.

4 They are new notebooks.

5 He is at home.

6 She is at school.

7 It is in the nest.

Learn Grammar _____ p. 35

Rule 1 ① am ② I, I'm

Rule 2 ① are, You're ② are, They're

Rule 3 ① is, He's ② is, It's

Practice Grammar _____ p. 36

1 It is → It's   2 I am → I'm

3 She is → She's   4 He is → He's

5 You are → You're   6 They are → They're

7 We are → We're   8 You are → You're

Self-Check • am, are • is

Use Grammar _____ p. 37

1 is, She is at work.

2 are, They are warm colors.

UNIT 08 is or are

Discover Grammar _____ p. 38

1 Your dog is lazy.

2 Mr. Brown is tired.

3 The backpack is mine.

4 The shoes are mine.

5 Ben and I are from Canada.

6 The oranges are from America.

Learn Grammar _____ p. 39

Rule 1 ① Amanda ② My name ③ My dad

④ Your T-shirt

Rule 2 ① Tom and Kate ② Bears ③ My eyes

④ The keys

Practice Grammar _____ p. 40

1 My ball is → It is

2 Bees are → They are

3 The skirt is → It is

4 The bottle is → It is

5 Two models are → They are

6 Your pens are → They are

7 My hands are → They are

8 Your fork is → It is

Self-Check • is • are

🍜 Use Grammar _____ p. 41

1 ⓒ	2 ⓑ	3 ⓐ
4 ⓓ	5 ⓕ	6 ⓔ
7 ⓗ	8 ⓖ	9 ⓘ

ⓐ are	ⓑ is	ⓒ is
ⓓ are	ⓔ is	ⓕ are
ⓖ is	ⓗ are	ⓘ are

해석

ⓐ 그 감자들은 뜨겁다.

ⓑ 나의 엄마는 피곤하다.

ⓒ 이 연필은 내 것이다.

ⓓ 그 양말은 내 것이다.

ⓔ 이 엽서는 이탈리아에서 왔다.

ⓕ 오빠와 나는 매우 친하다.

ⓖ 나의 이모[고모/숙모]는 캐나다에서 왔다.

ⓗ 켄과 에이미는 매우 시끄럽다.

ⓘ 너의 손은 더럽다.

Everyday Grammar 01

C _____ p. 43

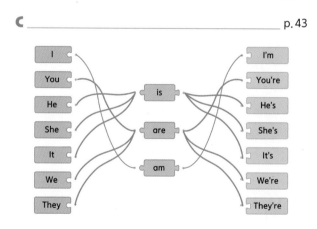

B _____ p. 43

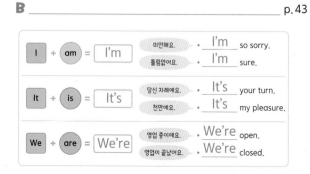

UNIT 09 am/are/is + not

🧅 Discover Grammar _____ p. 44

1 I'm not at home.

2 He isn't here.

3 It isn't mine.

4 She isn't a doctor.

5 We aren't pilots.

6 They're not lazy.

🍲 Learn Grammar ✍ _____ p. 45

Rule 1 ① not ② I'm

Rule 2 ① aren't ② is not ③ aren't ④ isn't

🍚 Practice Grammar _____ p. 46

1 are, are not, aren't

2 is, is not, isn't

3 are, are not, aren't

4 is, is not, isn't

5 is, is not, isn't

6 are, are not, aren't

7 is, is not, isn't

8 are, are not, aren't

해석

1 그 가수들은 자매이다. → 그들은 자매가 아니다.

2 그 조종사는 현명하다. → 그는 현명하지 않다.

3 그 꽃들은 노란색이다. → 그것들은 노란색이 아니다.

4 이 피자는 내 것이다. → 그것은 내 것이 아니다.

5 그 책상은 오래되었다. → 그것은 오래되지 않았다.

6 네 안경은 여기에 있다. → 그것들은 여기에 없다.

7 나의 엄마는 바쁘다. → 그녀는 바쁘지 않다.

8 잭과 나는 지루하다. → 우리는 지루하지 않다.

Self-Check • 뒤, not • aren't, isn't

🍜 Use Grammar _____ p. 47

1 thirsty, not hungry

2 hungry, not thirsty

3 slow, isn't fast

4 fast, isn't slow

5 hot, isn't cold

6 cold, isn't hot

7 red, aren't yellow

8 yellow, aren't red

해석

1 나는 목이 마르다. 나는 배고프지 않다.

2 나는 배고프다. 나는 목이 마르지 않다.

3 거북이는 느리다. 그것은 빠르지 않다.

4 사자는 빠르다. 그것은 느리지 않다.

5 여름은 덥다. 춥지 않다.

6 겨울은 춥다. 덥지 않다.

7 그 장미들은 빨간색이다. 그것들은 노란색이 아니다.

8 그 튤립들은 노란색이다. 그것들은 빨간색이 아니다.

UNIT 10 Am/Are/Is ~?

Discover Grammar _____ p.48

1 Are you ready?

2 Are you angry?

3 Is he on a plane?

4 Is she on a bus?

5 Is it your button?

6 Are they your dogs?

Learn Grammar _____ p.49

Rule 1 ① Am ② Are you ③ Is he

Rule 2 ① are ② isn't

Practice Grammar _____ p.50

1 Is dinner ready?

2 Is the game fun?

3 Are we sad?

4 Am I sick?

5 Are you lucky?

6 Is Jack here?

7 Are the cats quiet?

8 Are my dogs old?

해석

1 저녁이 준비되었다. → 저녁이 준비되었니? 응, 그래.

2 그 게임은 재미있다. → 그 게임은 재미있니? 아니, 그렇지 않아.

3 우리는 슬프다. → 우리는 슬픈가요? 응, 그래.

4 나는 아프다. → 나는 아픈가요? 아니, 그렇지 않아.

5 너는 운이 좋다. → 너는 운이 좋니? 응, 그래.

6 책은 여기에 있다. → 책은 여기에 있니? 아니, 그렇지 않아.

7 그 고양이들은 조용하다. → 그 고양이들은 조용하니? 응, 그래.

8 내 강아지들은 늙었다. → 내 강아지들은 늙었나요?
   아니, 그렇지 않아.

Self-Check • 앞 • Yes, No

Use Grammar _____ p.51

1 Are, not   2 Am, are

3 Are, aren't   4 Is, is

5 Is, is   6 Is, isn't

7 Are, aren't   8 Is, is

해석

1 너는 놀랐니? 아니, 그렇지 않아.

2 저는 늦었나요? 응, 그래.

3 우리는 괜찮은가요? 아니, 그렇지 않아.

4 그것은 문을 닫았니? 응, 그래.

5 그는 말을 타고 있니? 응, 그래.

6 그녀는 버스를 타고 있니? 아니, 그렇지 않아.

7 그것들은 너의 샌드위치들이니? 아니, 그렇지 않아.

8 그것은 네 돈이니? 응, 그래.

UNIT 11 There is or There are

Discover Grammar _____ p.52

1 There is a park.

2 There are many hotels.

3 There is a hospital.

4 There are some shops.

5 There is a library.

6 There are many houses.

Learn Grammar ✎ _____ p. 53

Rule 1 ① is ② is ③ a shop ④ a hotel

Rule 2 ① are ② are ③ many schools
　　　　　④ some supermarkets

Practice Grammar _____ p. 54

1 is　　**2** are　　**3** is　　**4** is

5 are　　**6** are　　**7** is　　**8** is

해석

1 거울이 하나 있다.

2 침대가 두 개 있다.

3 소파가 하나 있다.

4 탁자가 하나 있다.

5 커튼들이 있다.

6 창문이 몇 개 있다.

7 깔개가 하나 있다.

8 안락의자가 하나 있다.

Self-Check • is, 단수　• are, 복수

Use Grammar _____ p. 55

1 are, There are many restaurants.

2 is, There is a supermarket.

3 are, There are some benches.

4 is, There is a school.

5 is, There is a church.

6 are, There are three trees.

해석

1 식당이 많이 있다.

2 슈퍼마켓이 하나 있다.

3 벤치가 몇 개 있다.

4 학교가 하나 있다.

5 교회가 하나 있다.

6 나무가 세 그루 있다.

UNIT 12 this or these

Discover Grammar _____ p. 56

1 This is an orange.

2 These are oranges.

3 This is my hat.

4 These are your gloves.

5 This is my ball.

6 These are your socks.

Learn Grammar ✎ _____ p. 57

Rule 1 ① This ② These ③ These

Rule 2 ① is ② are ③ This is

Practice Grammar _____ p. 58

1 These are　　**2** These are　　**3** This is

4 This is　　**5** This is　　**6** These are

7 This is　　**8** These are　　**9** These are

해석

1 이것들은 내 눈이다.

2 이것들은 내 귀이다.

3 이것은 내 머리이다.

4 이것은 가방이다.

5 이것은 컵이다.

6 이것들은 고양이들이다.

7 이것은 그녀의 이름이다.

8 이것들은 네 신발이다.

9 이것들은 그의 안경이다.

Self-Check • 가까이, 단수, is　• 가까이, 복수, are

Use Grammar _____ p. 59

1 These are bananas.

2 This is a tent.

3 These are my kites.

4 This is your belt.

5 This is your laptop.

6 These are my clothes.

7 These are my cousins.

8 This is an owl.

해석

1 이것들은 바나나이다.

2 이것은 텐트이다.

3 이것들은 내 연이다.

4 이것은 너의 허리띠이다.

5 이것은 너의 휴대용 컴퓨터이다.

6 이것들은 내 옷이다.

7 이 아이들은 내 사촌들이다.

8 이것은 올빼미이다.

UNIT 13 that or those

Discover Grammar _____ p.60

1 That is a cow.

2 Those are my boots.

3 That is an eraser.

4 Those are my friends.

5 That is a bakery.

6 Those are your parents.

Learn Grammar _____ p.61

Rule 1 ① That ② Those

Rule 2 ① is ② Those are

Practice Grammar _____ p.62

1 That is	2 Those are	3 Those are
4 Those are	5 That is	6 Those are
7 That is	8 Those are	9 Those are

Self-Check • 멀리, 단수, is • 멀리, 복수, are

Use Grammar _____ p.63

1 Those are	2 Those are	3 That is
4 That is	5 Those are	6 Those are
7 That is	8 That is	9 That is

해석

1 저것들은 보트이다.

2 저것들은 박쥐들이다.

3 저분은 나의 선생님이다.

4 저것은 내 램프이다.

5 저것들은 내 크레용이다.

6 저것들은 내 신발이다.

7 저것은 너의 야구용 글러브이다.

8 저것은 너의 코트이다.

9 저것은 너의 바이올린이다.

UNIT 14 my, your or me, you

Discover Grammar _____ p.64

1 My cat is cute.

2 Your bed is hard.

3 I like your dress.

4 I like you.

5 They know me.

6 We know you.

Learn Grammar _____ p.65

Rule 1 ① your ② Your ③ my ④ My

Rule 2 ① you ② you ③ me ④ your

Practice Grammar _____ p.66

| 1 Your | 2 My | 3 your |
| 4 you | 5 me | 6 my |

해석

1 너의 그림은 멋지다.

2 나의 인형은 예쁘다.

3 나는 너의 이름을 안다.

4 나는 너를 사랑한다.

5 너는[너희들은] 나를 안다.

6 나는 나의 학교를 좋아한다.

| 1 my, me | 2 your, you |
| 3 My, your, you | 4 Your, my, me |

해석

1 나는 내 남동생, 벤을 좋아한다. 그도 또한 나를 좋아한다.

2 너는 네 삼촌들을 좋아한다. 그들도 또한 너를 좋아한다.

3 나의 아빠는 네 얼굴을 안다. 그는 너를 좋아한다.

4 너의 친구들은 내 이름을 안다. 그들은 나를 좋아한다.

Self-Check • my, your • me, you

Use Grammar _____ p.67

1 Your bed is soft.

2 My backpack is heavy.

3 They like my style.

4 We love your voice.

5 My parents know you.

6 Your grandparents know me.

해석

1 너의 침대는 푹신하다.

2 나의 배낭은 무겁다.

3 그들은 나의 스타일을 좋아한다.

4 우리는 너의 목소리를 아주 좋아한다.

5 나의 부모님은 너를 안다.

6 너의 조부모님은 나를 안다.

UNIT 15 his, her or him, her

Discover Grammar _____ p.68

1 His hair is short.

2 Her eyes are blue.

3 His favorite sport is soccer.

4 Her favorite color is blue.

5 We meet him.

6 I miss her.

Learn Grammar _____ p.69

Rule 1 ① his ② Her ③ her ④ His

Rule 2 ① him ② her ③ him ④ her

Practice Grammar _____ p.70

1 His, His   2 Her, Her

해석

1 잭은 머리가 짧다. 그의 머리는 갈색이다. 그는 바지를 입고 있다. 그의 바지는 빨간색이다.

2 잭은 여동생이 있다. 그녀의 이름은 진이다. 그녀는 머리가 길다. 그녀의 머리는 검은색이다.

1 her   2 him   3 her
4 him   5 her   6 her

해석

1 이 아이는 하루이다. 나는 그녀를 안다.

2 이 아이는 벤이다. 우리는 그를 안다.

3 이분은 벤의 엄마이다. 우리는 그녀를 안다.

4 나는 삼촌이 있다. 나는 그를 그리워한다.

5 그들은 딸이 있다. 그들은 그녀를 그리워한다.

6 우리는 이모가 있다. 우리는 그녀를 그리워한다.

Self-Check • his, her • him, her

Use Grammar _____ p.71

1 Her T-shirt is red.

2 His favorite color is green.

3 I miss his voice.

4 Her favorite sport is tennis.

5 Her sons know him.

6 His daughters miss her.

해석

1 그녀의 티셔츠는 빨간색이다.

2 그의 가장 좋아하는 색은 녹색이다.

3 나는 그의 목소리를 그리워한다.

4 그녀의 가장 좋아하는 스포츠는 테니스이다.

5 그녀의 아들들은 그를 안다.

6 그의 딸들은 그녀를 그리워한다.

UNIT 16 its, our, their or it, us, them

Discover Grammar _____ p.72

1 Its tail is long.

2 I don't like it.

3 Our book is big.

4 They need us.

5 It's their castle.

6 You can help them.

Learn Grammar ✎ _____ p.73

Rule 1 ① Our ② Its ③ our ④ their

Rule 2 ① it ② them ③ us

Practice Grammar _____ p.74

✐ 1 Our   2 Its   3 their
  4 them   5 them   6 us

해석

1 우리의 책상들은 새것이다.

2 그것의 팔들은 길다.

3 그것은 그들의 자동차이다.

4 나는 그것들을 좋아한다.

5 너는 그들을 도울 수 있다.

6 그들은 우리를 필요로 한다.

✐ 1 it   2 them   3 it
  4 them   5 it   6 it

해석

1 나는 그 숟가락이 필요하다. 너는 그것이 필요하다.

2 그들은 그 학생들을 좋아한다. 그들은 그들을 좋아한다.

3 나는 저 정원을 좋아한다. 나는 그것을 좋아한다.

4 너는 바나나를 좋아하지 않는다. 너는 그것들을 좋아하지 않는다.

5 나는 이 펜을 좋아하지 않는다. 나는 그것을 좋아하지 않는다.

6 우리는 그 트럭이 필요하지 않다. 우리는 그것을 필요로 하지 않는다.

Self-Check · its, our, their · it, us, them

Use Grammar _____ p.75

1 Their wings   2 Its legs

3 Their sound   4 Its color

5 us   6 them

해석

1 나는 독수리를 좋아한다. 그것들의 날개는 크다.

2 나는 그 개를 좋아한다. 그것의 다리들은 길다.

3 우리는 제트기를 좋아하지 않는다. 그것들의 소리는 시끄럽다.

4 나는 이 카멜레온을 좋아한다. 그것의 색은 아름답다.

5 우리는 의사들을 필요로 한다. 그들은 우리를 도울 수 있다.

6 그 새들은 너를 필요로 한다. 너는 그것들을 도울 수 있다.

Everyday Grammar 02

C _____ p.77

~은/는/이/가	~의	~을/를/~에게
I	my	me
you	your	you
he	his	him
she	her	her
it	its	it
we	our	us
they	their	them

D _____ p.77

(저를) 도와주세요!	· Help me !
실례합니다.	· Excuse me .
(나를) 불러주세요. (나에게) 전화해 주세요.	· Call me .
(저를) 용서해 주세요!	· Forgive me !

I → me 나를/나에게

| (너에게) 고마워요. | · Thank you . |
| (당신의) 책을 펴세요. | · Open your book. |

you → you 너에게
    → your 너의

UNIT 17 is or eat

Discover Grammar _____ p.78

1 I eat breakfast.

2 We play soccer.

3 They sing well.

4 It swims well.

5 She bakes cookies.

6 He cooks dinner.

Learn Grammar ✍ _____ p. 79

Rule 1 ① am ② read ③ swim ④ stop
Rule 2 ① talks ② stops ③ listens ④ reads

Practice Grammar _____ p. 80

1 talk, talks 　　2 sleep, sleeps
3 drink, drinks 　　4 hit, hits
5 clean, cleans 　　6 write, writes
7 walk, walks 　　8 buy, buys

Self-Check • 일반, 동작 • s

Use Grammar _____ p. 81

1 swims 　　2 reads 　　3 stops
4 sleeps 　　5 drink 　　6 works
7 learns 　　8 listens 　　9 bakes

해석
1 벤은 수영을 잘한다.
2 내 남동생은 책을 읽는다.
3 그 버스는 여기에서 선다[멈춘다].
4 그 아기는 그의 방에서 잠잔다.
5 그 개들은 물을 마신다.
6 나의 아빠는 열심히 일한다.
7 그는 영어를 배운다.
8 제임스는 음악을 듣는다.
9 그 남자는 빵을 굽는다.

UNIT 18 goes, watches

Discover Grammar _____ p. 82

1 She goes to bed early.
2 He does his homework.
3 My mom watches TV.
4 My dad teaches math.
5 Ben washes his face.
6 Betty misses her family.

Learn Grammar ✍ _____ p. 83

Rule 1 ① reads ② makes ③ swims
Rule 2 ① teaches ② pushes ③ has

Practice Grammar _____ p. 84

1 kisses 　　2 crosses 　　3 misses
4 washes 　　5 wishes 　　6 pushes
7 watches 　　8 teaches 　　9 catches

Self-Check • 단수 • es

Use Grammar _____ p. 85

1 does 　　2 fixes 　　3 washes
4 crosses 　　5 watches 　　6 goes
7 catches 　　8 kisses 　　9 has

해석
1 그녀는 숙제를 한다.
2 그는 자동차를 고친다.
3 그녀는 손을 씻는다.
4 그 개는 길을 건넌다.
5 그녀는 영화를 본다.
6 그 버스는 시내로 간다.
7 톰은 그 공을 잡는다.
8 그 소녀는 아빠에게 키스한다.
9 그녀는 아이디어를 하나 가지고 있다.

UNIT 19 don't or doesn't

Discover Grammar _____ p. 86

1 I don't like fish.
2 He doesn't like vegetables.
3 We don't drink milk.
4 She doesn't drink coffee.
5 They don't eat cheese.
6 My dog doesn't eat dry food.

Learn Grammar ✎ _____ p.87

Rule 1 ① don't play ② don't drink
③ don't like ④ don't eat

Rule 2 ① doesn't wash ② doesn't go
③ doesn't have ④ doesn't do

Practice Grammar _____ p.88

1 (teach), do not teach, don't teach
2 (like), do not like, don't like
3 (eats), does not eat, doesn't eat
4 (comes), does not come, doesn't come
5 (have), do not have, don't have
6 (wash), do not wash, don't wash
7 (does), does not do, doesn't do
8 (drinks), does not drink, doesn't drink

해석
1 나는 영어를 가르친다. → 나는 영어를 가르치지 않는다.
2 그들은 그를 좋아한다. → 그들은 그를 좋아하지 않는다.
3 그녀는 고기를 먹는다. → 그녀는 고기를 먹지 않는다.
4 그는 집에 온다. → 그는 집에 오지 않는다.
5 우리는 시간이 있다. → 우리는 시간이 없다.
6 나는 손을 씻는다. → 나는 손을 씻지 않는다.
7 그는 최선을 다한다. → 그는 최선을 다하지 않는다.
8 그것은 물을 마신다. → 그것은 물을 마시지 않는다.

Self-Check • does • don't, doesn't

Use Grammar _____ p.89

1 eat, don't drink
2 drinks, doesn't eat
3 get up, don't work
4 works, doesn't get up
5 walk, don't feed
6 feeds, doesn't walk
7 cook, don't wash
8 washes, doesn't cook

해석
1 우리는 치즈를 먹는다. 우리는 우유를 마시지 않는다.
2 그는 우유를 마신다. 그는 치즈를 먹지 않는다.

3 나는 일찍 일어난다. 나는 늦게까지 일하지 않는다.
4 그녀는 늦게까지 일한다. 그녀는 일찍 일어나지 않는다.
5 나는 개를 산책시킨다. 나는 고양이들에게 먹이를 주지 않는다.
6 그녀는 고양이들에게 먹이를 준다. 그녀는 개를 산책시키지 않는다.
7 당신은 저녁을 요리한다. 당신은 설거지하지 않는다.
8 그는 설거지한다. 그는 저녁을 요리하지 않는다.

UNIT 20 Do ~? or Does ~?

Discover Grammar _____ p.90

1 Do you like cooking?
2 Does she like drawing?
3 Do you go swimming?
4 Does he go jogging?
5 Do they play baseball?
6 Does she play the guitar?

Learn Grammar ✎ _____ p.91

Rule 1 ① Do ② Does
Rule 2 ① don't ② does ③ doesn't ④ do

Practice Grammar _____ p.92

1 Do you go jogging?
2 Do they go swimming?
3 Do we play soccer?
4 Does he play the violin?
5 Does she go walking?
6 Does it like running?
7 Do you like me?
8 Do they like her?

해석
1 너는 조깅하러 간다. → 너는 조깅하러 가니?
2 그들은 수영하러 간다. → 그들은 수영하러 가니?
3 우리는 축구를 한다. → 우리는 축구를 하니?
4 그는 바이올린을 연주한다. → 그는 바이올린은 연주하니?

5 그녀는 산책하러 간다. → 그녀는 산책하러 가니?

6 그것은 달리기를 좋아한다. → 그것은 달리기를 좋아하니?

7 너는 나를 좋아한다. → 너는 나를 좋아하니?

8 그들은 그녀를 좋아한다. → 그들은 그녀를 좋아하니?

Self-Check • 앞, Do, Does • Yes, No

Use Grammar _____ p.93

1 Does, does 　　　 2 Do, don't

3 Do, do 　　　　　 4 Do, don't

5 Does, does 　　　 6 Does, doesn't

7 Does, doesn't 　　 8 Does, does

해석

1 그녀는 쇼핑하러 가니? 응, 그래.

2 너는 책 읽기를 좋아하니? 아니, 그렇지 않아.

3 그들은 캠핑을 가니? 응, 그래.

4 그들은 축구를 하니? 아니, 그렇지 않아.

5 그는 춤추기를 좋아하니? 응, 그래.

6 그녀는 첼로를 연주하니? 아니, 그렇지 않아.

7 그녀는 산책하러 가니? 아니, 그렇지 않아.

8 그 개는 그를 좋아하니? 응, 그래.

UNIT 21 can

Discover Grammar _____ p.94

1 I can play the guitar.

2 You draw can pictures.

3 They can jump rope.

4 He can drive a car.

5 A monkey can climb trees.

6 A kangaroo can jump.

Learn Grammar ✍ _____ p.95

Rule 1 ① can swim ② can wash ③ can sing
　　　　 ④ can go

Rule 2 ① can sing ② can stay ③ can fly
　　　　 ④ can drive

Practice Grammar _____ p.96

1 can jump 　　2 can eat 　　3 can swim

4 can climb 　 5 can jump 　 6 can run

7 can swim 　　8 can eat

해석

1 개구리는 점프할 수 있다.

2 원숭이는 과일을 먹을 수 있다.

3 펭귄은 수영할 수 있다.

4 호랑이는 나무에 오를 수 있다.

5 캥거루는 점프할 수 있다.

6 사자는 빨리 달릴 수 있다.

7 돌고래는 수영할 수 있다.

8 토끼는 식물을 먹을 수 있다.

Self-Check • 뒤 • 할 수 있다

Use Grammar _____ p.97

1 bake, He can bake a cake.

2 play, I can play the piano.

3 kick, James can kick a ball.

4 ride, You can ride a horse.

5 climb, My uncle can climb rocks.

6 ask, We can ask questions.

해석

1 그는 케이크를 구울 수 있다.

2 나는 피아노를 칠 수 있다.

3 제임스는 공을 찰 수 있다.

4 당신은 말을 탈 수 있다.

5 나의 삼촌은 암벽을 오를 수 있다.

6 우리는 질문을 할 수 있다.

UNIT 22 can't, Can ~?

Discover Grammar _____ p.98

1 He cannot ski.

2 I can't skateboard.

3 We can't fly a kite.

4 Can you use a computer?

5 Can he hit a ball?

6 Can they play chess?

Learn Grammar ✐ _____ p. 99

Rule 1 ① can't ② cannot

Rule 2 ① Can he ② wait ③ carry ④ Can you

Practice Grammar _____ p. 100

✐ 1 cam climb, can't swim

2 can swim, can't fly

3 can eat, can't climb

4 can speak, can't write

해석

1 원숭이는 나무에 오를 수 있다. 그러나 그것들은 수영할 수 없다.

2 물고기는 수영할 수 있다. 그러나 그것들은 날 수 없다.

3 코끼리는 식물을 먹을 수 있다. 그러나 그것들은 나무에 오를 수 없다.

4 앵무새는 말할 수 있다. 그러나 그것들은 쓸 수 없다.

✐ 1 Can you sled? 2 Can it walk?

3 Can they fly? 4 Can she skateboard?

해석

1 너는 썰매를 탈 수 있다.

→ 너는 썰매를 탈 수 있니? 응, 그래.

2 그것은 걸을 수 있다.

→ 그것은 걸을 수 있니? 아니, 그렇지 않아.

3 그것들은 날 수 있다. → 그것들은 날 수 있니? 응, 그래.

4 그녀는 스케이트보드를 탈 수 있다. → 그녀는 스케이트보드를 탈 수 있니? 아니, 그렇지 않아.

Self-Check • cannot, can't • 앞

Use Grammar _____ p. 101

1 The boy can't dive.

2 His brother can't[cannot] swim.

3 They can't[cannot] draw pictures.

4 Can you speak French?

5 Can your friends ski?

6 Can her sister cook?

해석

1 그 소년은 다이빙할 수 없다.

2 그의 남동생은 수영할 수 없다.

3 그들은 그림을 그릴 수 없다.

4 너는 프랑스어를 말할 수 있니?

5 네 친구들은 스키를 탈 수 있니?

6 그녀의 언니는 요리할 수 있니?

UNIT 23 at, on, in (time)

Discover Grammar _____ p. 102

1 See you at seven.

2 See you on Friday.

3 Let's talk at night.

4 Let's talk in the afternoon.

5 It starts in summer.

6 It starts on May 5.

Learn Grammar ✐ _____ p. 103

Rule 1 ① at ② at ③ at

Rule 2 ① on ② on

Rule 3 ① in ② in

Practice Grammar _____ p. 104

✐ 1 in 2 at 3 on 4 at

5 in 6 on

✐ 1 in, on 2 in, at 3 in, on 4 on, at

해석

1 잭은 2020년에 태어났다. 그의 생일은 5월 20일이다.

2 오후에는 덥다. 그 쇼는 오후 8시에 시작한다.

3 나는 여름에 수영하는 것을 좋아한다. 나는 일요일마다 수영하러 간다.

4 앤은 월요일마다 집에 머문다. 그녀는 정오에 일어난다.

Self-Check • at • on • in

Use Grammar _____ p. 105

1 in, It starts in winter.

2 in, Let's meet in July.

3 on, We meet on Mondays.

4 at, They have dinner at six.

5 in, Let's talk in the morning.

6 in, He was born in 2020.

해석

1 그것은 겨울에 시작한다.

2 7월에 만나.

3 우리는 월요일마다 만난다.

4 그들은 6시에 저녁을 먹는다.

5 아침에 이야기하자.

6 그는 2020년에 태어났다.

UNIT 24 in, on, under (place)

Discover Grammar _____ p.106

1 There is a cat in the box.

2 There is a cat under my bed.

3 There is a dog on the sofa.

4 There is a dog under the table.

5 There is a cat on the mat.

6 There is a dog in the tub.

Learn Grammar 📝 _____ p.107

Rule 1 ① in ② in

Rule 2 ① on ② on

Rule 3 ① under ② under

Practice Grammar _____ p.108

1 ⓐ   2 ⓑ   3 ⓐ   4 ⓐ

5 ⓐ   6 ⓑ   7 ⓑ   8 ⓐ

해석

1 탁자 위에 고양이가 있다.

2 자동차 밑에 남자가 있다.

3 새장에 새들이 있다.

4 벽에 거울이 있다.

5 병에 쿠키들이 있다.

6 쟁반 위에 오렌지들이 있다.

7 의자 아래에 소년이 있다.

8 꽃병에 꽃들이 있다.

Self-Check • in, 안 • on • under, 아래

Use Grammar _____ p.109

1 on   2 under   3 on   4 in

5 in   6 in   7 under   8 on

해석

1 그 케이크는 어디에 있니? 그것은 접시 위에 있어.

2 그 남자는 어디에 있니? 그는 나무 아래에 있어.

3 네 여동생은 어디에 있니? 그녀는 바닥에 있어.

4 그 사과들은 어디에 있니? 그것들은 그릇 안에 있어.

5 제니는 어디에 있니? 그녀는 텐트 안에 있어.

6 네 책들은 어디에 있니? 그것들은 내 가방 안에 있어.

7 내 자전거는 어디에 있니? 그것은 창문 밑에 있어.

8 그림들은 어디에 있니? 그것들은 벽에 걸려 있어.

WORKBOOK 정답

UNIT 01 a or an

단어 쓰기 해석 _____ p.2

1 나는 친구가 있다.
2 그것은 입이다.
3 그것은 토끼이다.
4 나는 오렌지가 보인다.
5 나는 언니가[여동생이/누나가] 있다.
6 나는 우산이 보인다.

문장 쓰기 _____ p.3

1 I have a bike.
2 I have a sister.
3 I have an orange.
4 It is an apple.
5 It is a rabbit.
6 It is an igloo.
7 I see a house.
8 I see an owl.
9 I see an umbrella.

UNIT 02 a book or books

단어 쓰기 해석 _____ p.4

1 나는 귀가 두 개이다.
2 나는 새를 좋아한다.
3 내 청바지는 어디에 있나요?
4 나는 손이 두 개이다.
5 내 가위는 어디에 있나요?
6 내 양말은 어디에 있나요?

문장 쓰기 _____ p.5

1 I have two ears.
2 I have two hands.
3 I have two legs.
4 Where are my socks?
5 Where are my pants?
6 Where are my scissors?
7 I like birds.
8 I like dogs.
9 I like books.

UNIT 03 glasses, peaches

단어 쓰기 해석 _____ p.6

1 나는 접시가 두 개 필요하다.
2 그녀는 수업이 많다.
3 그녀는 복숭아를 많이 가지고 있다.
4 나는 여우가 두 마리 보인다.
5 나는 토마토가 두 개 필요하다.
6 나는 뱀이 세 마리 보인다.

문장 쓰기 _____ p.7

1 I need two tomatoes.
2 I need two potatoes.
3 I need two peaches.
4 I see three dresses.
5 I see three foxes.
6 I see three watches.
7 She has many classes.
8 She has many brushes.
9 She has many dishes.

UNIT 04 I, We, You

단어 쓰기 해석 _____ p.8

1 우리는 가족이다.
2 너는[너희들은] 게임을 아주 좋아한다.
3 나는 배가 고프다.
4 우리는 똑같다.
5 너는[너희들은] 힘이 세다.
6 나는 노래를 아주 좋아한다.

문장 쓰기 _____ p.9

1 I am hungry.
2 I am happy.
3 I am tall.
4 We are ten years old.
5 We are a family.
6 We are friends.
7 You are eleven years old.
8 You are strong.
9 You are my parents.

UNIT 05 He or She

단어 쓰기 해석 _____ p.10

1 그는 귀엽다.
2 그녀는 무용수이다.
3 그녀는 예쁘다.
4 그는 왕이다.
5 그녀는 마녀이다.
6 그는 선생님이다.

문장 쓰기 _____ p.11

1 He is my dad.
2 He is my brother.
3 He is my uncle.
4 He is a king.
5 She is my mom.
6 She is my grandmother.
7 She is my sister.
8 She is a queen.
9 She is a singer.

UNIT 06 It or They

단어 쓰기 해석 _____ p.12

1 그것은 빠르다.
2 그들은[그것들은] 너무 재미있다.
3 그들은[그것들은] 부엌에 있다.
4 그것은 소파 아래에 있다.
5 그것은 따뜻하다.
6 그것들은 거북들이다.

문장 쓰기 _____ p.13

1 It is on the table.
2 It is on the box.
3 It is on the sofa.
4 It is on the desk.
5 It is on the chair.
6 They are under the bed.
7 They are under the roof.
8 They are under the lamp.
9 They are under the tree.

UNIT 07 am, are, is

단어 쓰기 해석 _____ p.14

1 나는 용감하다.
2 너는 내 사촌이다.
3 우리는 신이 났다.
4 그는 도서관에 있다.
5 그것들은 새 공책들이다.
6 그녀는 학교에 있다.

문장 쓰기 _____ p.15

1 I am a chef.
2 I am excited.
3 They are warm colors.
4 We are in the living room.
5 They are at school.
6 You are my cousin.
7 It is a scooter.
8 He is in the library.
9 She is at work.

WORKBOOK 정답

UNIT 08 is or are

단어 쓰기 해석 _____ p.16

1 벤과 나는 캐나다에서 왔다.
2 그 배낭은 내 것이다.
3 오빠와 나는 매우 친하다.
4 너의 개는 게으르다.
5 브라운 선생님은 피곤하다.
6 켄과 에이미는 매우 시끄럽다.

문장 쓰기 _____ p.17

1 My mom is tired.
2 The pencil is mine.
3 My aunt is from Canada.
4 This postcard is from Italy.
5 The backpack is mine.
6 The potatoes are hot.
7 The socks are mine.
8 Ken and Amy are noisy.
9 Your hands are dirty.

UNIT 09 am/are/is + not

단어 쓰기 해석 _____ p.18

1 나는 지루하지 않다.
2 그는 현명하지 않다.
3 그것들은 꽃이 아니다.
4 우리는 조종사가 아니다.
5 겨울은 덥지 않다.
6 그 튤립들은 노란색이 아니다.

문장 쓰기 _____ p.19

1 I am not hungry.
2 They are not red.
3 He is not thirsty.
4 You aren't fast.
5 They aren't mine.

6 We aren't at home.
7 It isn't slow.
8 He isn't here.
9 She isn't a doctor.

UNIT 10 Am/Are/Is ~?

단어 쓰기 해석 _____ p.20

1 너는[너희들은]는 화가 났니?
2 그것은 너의 단추이니?
3 저는 늦었나요?
4 너는[너희들은] 운이 좋니?
5 그는 놀랐니?
6 그것들은 너의 샌드위치들이니?

문장 쓰기 _____ p.21

1 Am I late?
2 Am I a student?
3 Is it closed?
4 Is he on a horse?
5 Is she on a bus?
6 Is it your money?
7 Are you surprised?
8 Are we okay?
9 Are they your sandwiches?

UNIT 11 There is or There are

단어 쓰기 해석 _____ p.22

1 공항이 하나 있다.
2 교회가 두 개 있다.
3 집들이 많이 있다.
4 거울이 하나 있다.
5 슈퍼마켓이 하나 있다.
6 식당이 몇 개 있다.

문장 쓰기

1 There is a supermarket.
2 There is a school.
3 There is an armchair.
4 There is a bank.
5 There are many restaurants.
6 There are some benches.
7 There are three trees.
8 There are two beds.
9 There are many houses.

UNIT 12 this or these

단어 쓰기 해석 _____ p. 24

1 이것은 내 공이다.
2 이것들은 내 옷이다.
3 이것은 코끼리이다.
4 이것들은 너[너희들]의 장갑이다.
5 이것들은 내 연이다.
6 이것은 그녀의 이름이다.

문장 쓰기 _____ p. 25

1 This is a tent.
2 This is an orange.
3 This is a laptop.
4 This is a ruler.
5 These are bananas.
6 These are kites.
7 These are glasses.
8 These are my parents.
9 These are my socks.

UNIT 13 that or those

단어 쓰기 해석 _____ p. 26

1 저것은 빵집이다.

2 저것들은 박쥐들이다.
3 저것은 네 코트이다.
4 저것들은 내 장화이다.
5 저것은 너의 바이올린이다.
6 저분들은 나의 부모님이다.

문장 쓰기 _____ p. 27

1 That is an eraser.
2 That is a lamp.
3 That is a glove.
4 That is an orange.
5 That is a violin.
6 Those are boats.
7 Those are bats.
8 Those are my crayons.
9 Those are my shoes.

UNIT 14 my, your or me, you

단어 쓰기 해석 _____ p. 28

1 나의 침대는 딱딱하다.
2 너의 인형은 예쁘다.
3 그들은 나를 안다.
4 너의 그림은 멋지다.
5 우리는 너의 목소리를 좋아한다.
6 그들은 나의 스타일을 좋아한다.

문장 쓰기 _____ p. 29

1 My bed is soft.
2 Your backpack is heavy.
3 Your doll is pretty.
4 I know your name.
5 They like my style.
6 We like your voice.
7 They know you.
8 Your grandparents know me.
9 Your friends like me.

WORKBOOK 정답

UNIT 15 his, her or him, her

단어 쓰기 해석 _____ p.30

1 그녀의 눈은 파란색이다.
2 그의 가장 좋아하는 색은 갈색이다.
3 그녀의 머리는 길다.
4 나는 그녀를 그리워한다.
5 그의 머리는 짧다.
6 그의 가장 좋아하는 과목은 수학이다.

문장 쓰기 _____ p.31

1 His favorite sport is soccer.
2 Her favorite color is green.
3 His favorite food is pizza.
4 We know his name.
5 I miss his voice.
6 They know her face.
7 They miss him.
8 His daughters miss her.
9 Her sons know him.

UNIT 16 its, our, their or it, us, them

단어 쓰기 해석 _____ p.32

1 그것은 우리의 성이다.
2 나는 우리의 정원을 좋아한다.
3 너는[너희들은] 그들을 도울 수 있다.
4 그들은 우리를 필요로 한다.
5 그것의 꼬리는 길다.
6 그것들의 날개는 크다.

문장 쓰기 _____ p.33

1 Their sound is loud.
2 Our car is white.
3 Its tail is long.
4 Their wings are big.
5 Its legs are long.

6 Our teachers are kind.
7 They can help us.
8 You need it.
9 We don't like them.

UNIT 17 is or eat

단어 쓰기 해석 _____ p.34

1 그녀는 쿠키를 굽는다.
2 나는 아침을 먹는다.
3 내 남동생은 책을 읽는다.
4 우리는 수학을 배운다.
5 그것은 수영을 잘한다.
6 그 아기는 그의 방에서 잠잔다.

문장 쓰기 _____ p.35

1 The dogs drink water.
2 I sleep.
3 We learn English.
4 You read books.
5 He swims well.
6 She listens to music.
7 It stops here.
8 My dad[father] works hard.
9 My mom[mother] bakes bread.

UNIT 18 goes, watches

단어 쓰기 해석 _____ p.36

1 그 개는 길을 건넌다.
2 그는 자동차를 고친다.
3 그는 숙제를 한다.
4 그 소녀는 아빠에게 키스한다.
5 나의 이모[고모/숙모]는 수학을 가르친다.
6 벤은 세수한다.

문장쓰기 _____ p. 37

1 He plays baseball.

2 She cooks dinner.

3 It swims well.

4 Kate plays the piano.

5 She does her homework.

6 He watches a movie.

7 It goes downtown.

8 My dad[father] teaches English.

9 James fixes a car.

UNIT 19 don't or doesn't

단어쓰기 해석 _____ p. 38

1 그들은 치즈를 먹지 않는다.

2 나의 아빠는 일찍 일어나지 않는다.

3 그녀는 고기를 먹지 않는다.

4 우리는 우유를 마시지 않는다.

5 그는 채소를 안 좋아한다.

6 우리는 시간이 없다.

문장쓰기 _____ p. 39

1 We don't drink milk.

2 You don't work late.

3 They don't teach math.

4 I don't wash the dishes.

5 He doesn't eat cheese.

6 It doesn't drink water.

7 She doesn't get up early.

8 He doesn't feed the cat.

9 My dad[father] doesn't cook dinner.

UNIT 20 Do ~? or Does ~?

단어쓰기 해석 _____ p. 40

1 너는[너희들은] 야구를 하니?

2 그녀는 첼로를 연주하니?

3 너는[너희들은] 기타를 연주하니?

4 그는 그림 그리기를 좋아하니?

5 우리는 수영하러 가니?

6 그녀는 쇼핑하러 가니?

문장쓰기 _____ p. 41

1 Do you like reading?

2 Do they go camping?

3 Do you play soccer?

4 Do we go jogging?

5 Does she go shopping?

6 Does he like dancing?

7 Does he play the cello?

8 Does it like swimming?

9 Does she play the guitar?

UNIT 21 can

단어쓰기 해석 _____ p. 42

1 캥거루는 점프할 수 있다.

2 돌고래는 수영할 수 있다.

3 우리는 질문을 할 수 있다.

4 그는 공을 찰 수 있다.

5 그녀는 말을 탈 수 있다.

6 나의 삼촌은 암벽을 오를 수 있다.

문장쓰기 _____ p. 43

1 He can bake a cake.

2 I can play the piano.

3 James can kick a ball.

4 You can ride a horse.

5 It can fly.

6 We can ask questions.

7 They can jump rope.

8 He can drive a car.

9 I can draw pictures.

10 He can help me.

UNIT 22 can't, Can ~?

1 나는 체스를 할 수 없다.
2 그는 그 박스를 옮길 수 있니?
3 그 소년은 다이빙할 수 없다.
4 앵무새는 쓸 수 있니?
5 너는[너희들은] 프랑스어를 말할 수 있니?
6 그는 컴퓨터를 사용할 수 없다.

1 I can't ski.
2 He can't swim.
3 They can't draw pictures.
4 We can't fly a kite.
5 Can you speak French?
6 Can you use a computer?
7 Can he hit a ball?
8 Can she play chess?
9 Can parrots speak?

UNIT 23 at, on, in (time)

1 오후에 이야기하자.
2 금요일에 만나.
3 그녀는 정오에 일어난다.
4 그의 생일은 5월에 있다.
5 그 쇼는 오후 8시에 시작한다.
6 나는 일요일마다 수영하러 간다.

1 See you at seven.
2 She gets up at 8 p.m.
3 They have dinner at six.
4 We meet on Mondays.
5 See you on Friday.

6 It starts on May 5.
7 It starts in winter.
8 See you in July.
9 He was born in 2020.

UNIT 24 in, on, under (place)

1 새장에 새들이 있다.
2 병에 쿠키들이 있다.
3 그녀는 바닥에 있다.
4 나무 아래에 남자가 있다.
5 욕조 안에 개가 있다.
6 쟁반 위에 오렌지들이 있다.

1 He's in the tub.
2 It's in my bag.
3 They're in the cage.
4 She's on the floor.
5 It's on the plate.
6 They're on the ceiling.
7 It's under the window.
8 He's under the tree.
9 They're under the table.